CORRESPONDANCE

SECRETTE

ENTRE

NINON DE LENCLOS,

LE MARQUIS DE VILLARCEAUX,

ET MADAME DE M........

CORRESPONDANCE

SECRETTE

ENTRE

NINON DE LENCLOS,

LE MARQUIS DE VILLARCEAUX,

ET MADAME DE M........

PREMIERE PARTIE.

A PARIS,

Chez Le Jay, Libraire, rue de l'Échelle.

1789.

ERRATA.

Page 8, ligne 12, *au lieu de* obligée de tenir *lisez* obligée d'avoir

Page 12, ligne 4, *au lieu de* quelqu'un autre *lisez* quelqu'autre

Page 15, ligne 13, *au lieu de* que je vous plains. *lisez* que je vous plains !

Ibid. ligne 17, *au lieu de* vous aimer je parviendrai *lisez* vous aimer, je parviendrai

Page 16, ligne 8, *au lieu de* je n'ai pas reçu *lisez* je n'aie pas reçu

Page 64, ligne 5, *au lieu de* plus affez franches, *lisez* plus affez fraîches,

Page 68, ligne 4, *au lieu de* fe preffe *lisez* fe preffent

CORRESPONDANCE

SECRETTE

ENTRE

NINON DE LENCLOS,

LE MARQUIS DE VILLARCEAUX,

ET MADAME DE M........

PREMIERE PARTIE.

A PARIS,

Chez LE JAY, Libraire, rue de l'Échelle.

1789.

E R R A T A.

Page 8, ligne 12, *au lieu de* obligée de tenir *lifez* obligée d'avoir

Page 12, ligne 4, *au lieu de* quelqu'un autre *lifez* quelqu'autre

Page 15, ligne 13, *au lieu de* que je vous plains. *lifez* que je vous plains !

Ibid. ligne 17, *au lieu de* vous aimer je parviendrai *lifez* vous aimer, je parviendrai

Page 16, ligne 8, *au lieu de* je n'ai pas reçu *lifez* je n'aie pas reçu

Page 64, ligne 5, *au lieu de* plus affez franches, *lifez* plus affez fraîches,

Page 68, ligne 4, *au lieu de* fe preffe *lifez* fe preffent

INTRODUCTION.

T OUT le monde connoît les Amours du Marquis de Villarceaux & de Mademoiſelle de Lenclos. Ile ne furent troublés que par la connoiſſance qu'elle fit de Madame Sca...., alors Mademoiſelle d'Au....., & ſi connue depuis ſous le nom célèbre de Madame de Main.....

Le Marquis de Villarceaux ne put réſiſter aux charmes de Mademoiſelle d'Aubigné, & ſacrifia à des eſpérances frivoles, le plaiſir qu'il goûtoit dans les bras de Ninon. C'eſt peu de temps avant cette époque, que commence la correſpondance que l'on a recueillie avec ſoin.

Les dix premières Lettres ont peu d'intérêt, on ne s'eſt pas permis de les supprimer ; & peut-être est-il piquant de voir successivement Ninon tendre, jalouse, inconstante & toujours aimable.

CORRESPONDANCE

CORRESPONDANCE

SECRETTE

ENTRE

MLLE NINON DE LENCLOS,

LE MARQUIS DE VILLARCEAUX,

ET MADAME DE M........

LETTRE PREMIERE.

Mademoiselle de Lenclos au Marquis.

A Paris, ce 12 Juillet 1650.

EH bien, mon cher Marquis, vous avez reçu une Lettre touchante de celle qui fut abandonnée pour moi, & vous n'en avez point été touché ; voilà ce qui prouve que lorsqu'on n'est plus aimée,

I. Partie.   A

il ne faut plus écrire. Vous plaindriez bien davantage Madame de**, fi vous n'étiez pas l'auteur de fes maux ; vous prendriez parti pour elle, vous blâmeriez fon amant, vous penferiez du mal de fa rivale. Quel mortel peut répondre de foi ! Croyez, mon cher Marquis, que vous avez été coupable impunément ; cela vous enhardira peut-être à faire la même faute. Alors Madame de ** ne fe plaindra plus ; elle fe croira mieux vengée par mes tourmens que par les vôtres.

Mais éloignons des idées fi funeftes. A votre retour vous refterez donc huit jours à ne voir que moi ? nous ferons (a) toujours nos repas enfemble, & toujours les nuits nous réuniront ? voilà des engagemens bien chers à mon cœur, & néceffaires à mon exiftence. Ces trois ans de bonheur m'ont gâtée... Puiffent les petites tracafferies, les petites bouderies, & fur-tout la coquetterie, ne pas venir déranger de fi charmans projets ! Savez-vous que la dernière fois que nous avons boudé, cela a duré long-temps, tout le chemin d'Auteuil, & puis après que nous avons été rentrés ? Que cela eft ridicule ! nous partons bien gais, avec le plus beau temps du monde ; nous fommes dans un jardin délicieux, & un feul mot vient tout

---

(a) On fait que Ninon paffa trois ans avec Villarceaux, prefque tête à tête, dans une Terre à lui.

enlaidir. Qu'on ofe ne pas croire à la fatalité ? Il faut efpérer pourtant qu'à force de foins, nous faurons prévenir de pareils malheurs. Vous me demandiez l'autre jour la différence qui exifte entre l'homme qui aime beaucoup, celui qui aime peu, & celui qui n'aime pas du tout ? Le premier fuit toutes les occafions d'être infidele, ou ne les apper-çoit pas ; le fecond en profite , & le troifieme les fait naître ; nous fommes de même en fait de co-quetterie. Voilà Chevreufe qui entre , il faut que je vous quitte ; il donne pour raifon qu'il eft près & que vous êtes loin : cependant vous n'êtes pas inquiet.

LETTRE II.

De Mademoiselle de Lenclos au Marquis.

A Paris, ce 29 Juillet 1650.

QUE vous avez raiſon, mon cher Villarceaux, de croire que mon cœur eſt auſſi déraiſonnable que le vôtre ! Quand on aime autrement, on n'aime point ; une ame tendre ſuit quelquefois la raiſon, mais de ſi mauvaiſe grace, que l'amour n'a rien à dire ; toutes les imprudences qui ne le feront que pour moi, je les ferai toujours ſans héſiter ; quant à celles qui pourroient vous nuire, j'eſpere que je pourrai m'arrêter. Vous ne vous êtes pas trompé, cette nouvelle ſéparation me coûte bien plus que l'autre ; c'eſt peut-être parce que je vous aime mille fois davantage.

Quoique mon ſentiment ſoit bien juſtifié par la raiſon, ce n'eſt pas elle qui l'a dirigé ; ſa marche eſt trop lente ; il a pris naiſſance & s'eſt déve-loppé avant que j'aye eu le temps de le définir & de m'en rendre compte. Ah ! je me ſuis bien trompée, quand j'ai cru que votre abſence n'étoit pas la ſeule cauſe de ma langueur ; je ſens qu'elle eſt bien augmentée par la certitude de ce nouveau délai de quinze jours. Je ne pourrai me rétablir qu'à votre retour : votre vue peut tout fur moi, votre gaieté rappelera la mienne. Depuis long-temps le rire ne vient plus fur mes levres, ou s'il s'y peint, la joie est bien loin de mon cœur. On me demande fans ceffe ce que j'ai; peut-on le demander ? *Il n'est pas ici, il restera quinze jours de plus ; qu'on ne m'en parle pas, c'est tout ce que je demande.*

Je me fuis occupée ce matin à ranger toutes mes Lettres par ordre de date; il étoit bien difficile de les toucher fans les relire ; je mourois de peur de trouver des chofes plus tendres dans celles que vous m'écriviez il y a fix mois. La moindre diminution dans votre amour me feroit auffi fenfible que fa perte totale.

J'ai une nouvelle fâcheufe à vous mander : hier j'ai trouvé fur la route le Marquis de..... fort bleffé; il étoit defcendu de voiture pour battre fon Poftillon, (un jeune homme bien né ne peut gueres s'en difpenfer ;) en voulant remonter, la roue l'a culbuté ; ne vous effrayez pas cependant, aujour-d'hui il va à merveille. Cela me fait fonger qu'il faut abfolument que vous vendiez ce cheval fi mé-chant ; vous me l'avez promis : tant que vous l'au-rez, je croirai toujours voir auprès de vous un ennemi dangereux. Adieu, la pofte part, il faut fe quitter. N'eft-il pas vrai qu'où vous êtes, vous

A iij

n'avèz dit à perſonne, *je ſuis bien heureux , je reſte ici quinze jours de plus ?* un autre en ſeroit capable , mais vous , vous ne reſſemblez à perſonne. Je vous quitte pour relire deux Lettres de Madame de Sévigné qu'on m'a prêtées.

Quelle variété dans ſon ſtyle , comme elle peint ce qu'elle ſent, quel mouvement elle donne à tout ! ces phraſes ne ſont pas la traduction de ſes penſées, ce ſont ſes penſées elles-mêmes qui tombent ſur ſon papier ; il ſemble en les voyant qu'on les a devinées : enfin on ne la lit point, on cauſe avec elle.

Je ſuis bien décidée à recueillir avec ſoin toutes les Lettres d'elle que je pourrai trouver.

Concevez-vous que le fils d'une femme ſi rare, en tienne auſſi peu ! mais je n'en veux pas parler, car cela me donne de l'humeur, & c'eſt peut-être par amour-propre (*a*).

(*a*) *On ſait que le Marquis de Sévigné fut amant de Ninon.*

LETTRE III.

Le Marquis de Villarceaux à Mademoiselle de Lenclos.

A Grenoble, ce 8 Août 1650.

Vos Lettres m'enchantent, ma Ninon ; mais cette foule empreſſée auprès de vous me déſeſpere. Ne m'aviez-vous pas promis de vivre plus retirée ? L'eſpérance trompée eſt le plus grand des maux. Votre goût pour le monde eſt tel, que mes alarmes continuelles, mes reproches diĉtés par l'amour le plus tendre ne peuvent vous toucher, & que vous aimez mieux me voir au déſeſpoir, que de changer la moindre choſe à votre plan de conduite. Vous ne voulez pas ſentir les inconvéniens de cette grande diſſipation ; d'abord, elle refroidit le ſentiment, elle ôte à l'ame ſon énergie, ſa candeur, & il ne peut plus exiſter d'amour dans une ame ainſi dégradée. Savez-vous ce qui arrivera ? Preſque involontairement vous reprendrez l'habitude de la coquetterie ; la ſociété formera des projets de liaiſon pour vous, afin de vous poſſéder davantage ; quelques hommes prendront cette coquetterie pour de l'amour, ils ſe monteront la tête ; il y en a que vous voyez tous les

A iv

jours, ils croiront aifément que votre cœur eft libre, & penferont vous rendre fervice en vous détachant de moi : quoique vous me paroiffiez un ange, vous pourriez bien n'être qu'une femme, & ne pas réfifter à tout cela. Enfin, il arrivera quelque hiftoire que vous me confierez : vous connoiffez ma fenfibilité, ma mauvaife tête ; j'exigerai des facrifices que vous ne me ferez pas, parce qu'ils deviendront chaque jour plus difficiles ; notre bonheur fera à jamais troublé, vous en ferez affligée fans pouvoir me confoler ; c'eft alors que vous fentirez le chagrin d'être obligée de tenir une conduite contraire à vos principes & à votre bonté naturelle. Quelque effort que vous faffiez pour vaincre votre fenfibilité, il vous en reftera toujours affez pour vous reprocher de m'avoir rendu malheureux. Vous vous rappelerez douloureufement que jamais vous n'avez été plus tendrement aimée. Voilà pourtant à quoi vous vous expofez. Je comptois beaucoup fur votre derniere Lettre pour me calmer ; mais j'avois beau lire doucement, & puis recommencer, je voyois toujours la fin trop près du commencement. On eft fi fuperftitieux quand on aime ! on craint tout, on croit tout poffible. Méré (a) eft venu me voir hier, il

---

(a) Georges Broffin, Chevalier, Marquis de Méré, né vers le commencement du 17e. fiecle, d'une ancienne

m'a beaucoup parlé de vous ; il faudroit être bien mal-adroit pour me parler d'autre chofe. A Paris perfonne ne vous parle de moi , on pourroit au contraire m'y oublier.

Les paffions font de nous un mélange de méfiance & de crédulité, comme je le difois tout à l'heure ; on croit tout ce que l'on craint , & l'inftant d'après tout ce que l'on défire. Ah ! fans l'amour , comme je ferois raifonnable ! Je l'étois à douze ans beaucoup plus qu'à préfent , tout le monde m'en faifoit compliment ; mais mon parti eft pris. L'âge de la raifon eft paffé pour moi quand il commence pour les autres, & il ne reviendra jamais , à moins cependant que je ne tombe en enfance. Adieu ; pendant mon abfence vos lettres foutiennent ma vie.

famille de Poitou , alliée à la Maifon de Condé. Quelques années avant fa mort , il fe retira du monde , & mourut , en 1690 , chez la Marquife de Sevret fa bellefœur. Nous avons de lui divers Ouvrages , écrits avec beaucoup de politeffe & d'affectation : j'en excepte les converfations avec le Maréchal de Clérambaud. Il avoit fervi dans la Marine. *Voyez* la Bibliotheque des Ecrivains du Poitou , & l'éloge qu'en a fait l'Abbé Nadal.

LETTRE IV.

De Ninon au Marquis.

Paris, 29 Août 1650.

AU contraire, mon cher Marquis, vous devez être enchanté que ma coquetterie foit devenue générale ; ce font les préférences qui féduifent. Je veux que l'on me trouve aimable, mais je ne veux pas que l'on m'aime ; je penferois toujours à ce que j'aurois fait pour y réuffir. Les hommes diroient que je ne vous aime pas, vous le prendriez à la lettre, & quand je tournerois toutes les têtes, vous jouiriez, je crois, médiocrement de mes fuccès. Au refte, Chevreufe n'eft pas comme vous, il eft enchanté de moi ; comme il m'a trouvée feule & trifte, il en conclut que je fuis fidele ; je ferois très-choquée qu'il en fût étonné. Avant que quelques-uns de vos amis fuffent devenus mes ennemis, perfonne ne s'étoit avifé d'avoir mauvaife opinion de moi. Soyez donc tranquille : votre encens eft le feul qui me plaife ; à peine l'ai-je refpiré qu'il m'a enivrée ; tout autre feroit un fupplice pour moi ; je ne fais s'il me porteroit à la tête, mais à coup fûr il n'iroit jamais jufqu'à mon

cœur. Oublions votre triste prédiction, que nous
ne passerons jamais huit jours aussi heureux qu'à
la chaumiere ; c'est voir les choses bien en noir.
Jamais est un mot affreux, auquel on ne croit que
lorsqu'on le veut bien. Nous ferions bien à plaindre, si nous augmentions comme cela le nombre
des choses impossibles ; je n'en connois qu'une ,
c'est de cesser de vous aimer. Ma santé est un peu
meilleure depuis quelques jours ; je crois vraiment
que votre ami, en venant me voir , m'a apporté
un peu de l'air que vous respirez. J'ai cependant
aujourd'hui un grand mal de tête. Le petit Louis
est dans ma chambre, & fait le plus de bruit qu'il
peut ; il semble qu'il sente déja qu'on pardonne
tout à ce qu'on aime. Au reste, pour répondre à
ce que vous me mandez, je vous dirai que les
femmes ont aussi des sens & un amour-propre ;
quoiqu'elles doivent en mettre à être sages , souvent celui de plaire l'emporte , & leur extrême
coquetterie rend le danger à peu près égal. Croyez
que les hommes pourroient résister à leurs sens,
s'ils le vouloient ; la seule chose que je leur per-
mette de plus qu'à nous , c'est un peu de libertinage
quand ils n'ont point d'engagement.

A propos, savez-vous que le bonheur de Lauzun
est déja renversé ? J'en ai frémi ; quoi donc ! le bonheur tient à si peu de chose ? Comment ne pas mourir d'inquiétude ?

Êtes-vous comme moi ? Je ne peux me faire à
paſſer vingt-quatre heures, & à voir que je n'ai
diminué mon tourment que d'un jour ; tout ce que
je crains, c'eſt de voir arriver quelqu'un autre avant
vous : par exemple, ce petit automate de Comte.....
qui n'eſt déſiré de perſonne, & qui ſûrement ne
s'ennuie pas plus dans un lieu que dans l'autre. Le
Comte de Choiſeul pourroit bien venir ſous peu
de jours, au moins il eſt un peu déſiré ; mais
quelle différence ! Vous avez pris le bon moyen
pour me raſſurer ſur les nuits d'été, c'eſt d'en
paroître inquiet vous-même ; j'étois dans mon jardin, votre image m'étoit préſente, & mon ame
étoit troublée ; ce trouble me donna un inſtant de
jalouſie : hélas ! je ſais trop que ce qui trouble notre
ame, ramene trop ſouvent le délire des ſens. Votre
préſence auroit pu me calmer ; mon amant ſeul pourroit me faire approuver cette volupté que j'ai ſi bien
ſentie, & que je me rappelois délicieuſement ; mais
pour un homme toute femme devient une Maitreſſe.
J'ai eu tort, ſans doute, de vous juger d'après
les autres hommes. Soyez moins injuſte que moi,
& ne me jugez que d'après quelques femmes. Que
vos Lettres mettent de temps en chemin ! cela fait
trembler. On a certainement pu changer vingt
mille fois de ſentiment, quand les Lettres arrivent.
Il faut qu'elles vous ſoient adreſſées, pour que l'on
réponde que le cœur qui les dicte eſt toujours le

même. Ah ! que j'ai befoin de votre retour. Moi qui parle de cet heureux retour, comme s'il étoit très-proche. Il eft vrai que le jour de votre départ & celui de votre arrivée auront l'air de fe toucher ; vous n'êtes pas forti un moment de ma penfée. Quand un ami s'éloigne fouvent, on l'oublie ; le temps femble avoir été interrompu par un long fommeil ; je vois au contraire tous les jours de votre abfence s'enchaîner les uns les autres ; l'un des bouts de la chaîne fe rapproche doucement de moi, & rien ne l'interrompt.

Adieu, mon cher Marquis, je vous aime mille fois plus que je ne vous aimois ; je ne crois pas que mon fentiment puiffe augmenter encore beaucoup ; l'excès même a des bornes. L'Abbé eft venu me voir ; je vous affure qu'il nous aime bien. Bientôt il ne fera plus poffible d'aimer l'un de nous fans aimer l'autre.

Je ne conçois pas comment ma lettre à *Saint-Evremond*, a fait courir le bruit que *Gourville* (a)

(a) Jean Hérault de Gourville, né à la Rochefoucault, le 11 Juillet 1625, Valet de chambre de l'Abbé de la Rochefoucault depuis Evêque de Leycloure ; il ut auffi Valet de chambre du Prince de Condé ; il eut oute fa confiance. Il fe fit aimer de Mazarin, de Fouquet, de Louvois, & s'attira les regards de Louis XIV. cureux au jeu, grand intrigant, employé même dans les négociations, aimé du Duc de Brunfwic, du

étoit mort ; voilà précifément ce que je lui mandois :

« M. de Saint-Hermitage vous mandera auffi
» bien que moi, que M. de Gourville. ne fort
» plus de fa chambre. Affez indifférent pour toutes
» fortes de goûts, bon ami toujours, mais que
» fes amis ne fongent pas d'employer de peur de
» lui donner des foins. »

Prince d'Orange, il fut fur le point d'être Contrôleur
Général des Finances , & Succeffeur de Colbert ; au
moment où il venoit d'être pendu en effigie , le Roi
le chargea d'une Commiffion en Allemagne. Il écrivit
fes Mémoires à l'âge de 78 ans.

LETTRE V.

Du Marquis à Mademoiselle de Lenclos.

A Grenoble, 4 Septembre 1650.

POINT de lettres. Je fuis au défefpoir ; il faut que je me perfuade qu'il n'y a pas de votre faute , ni de celle de vos gens ; cependant les miens font bien plus exacts quand je les envoie avant midi à la pofte. Voilà les momens où je regrette l'indifférence, où je voudrois être bien vieux & bien infenfible, où je voudrois prefque ne plus exifter. L'amour m'attache à la vie, & me la rend fouvent infupportable. Ah ! fi vous n'avez pas reçu de mes nouvelles, que je vous plains. Mais puis-je croire que vous fouffrez comme moi ? Non , non , la nature vous a donné une ame plus calme & plus courageufe. Que je fuis humilié de ma foibleffe ! je n'ai fait que de vains efforts pour la vaincre, mais j'en ferai tant, que fans ceffer de vous aimer je parviendrai à cette raifon dont j'entends quelquefois faire l'éloge. Le pouvoir de l'amour aura des bornes ; il eft trop honteux d'en être l'efclave, & de l'être feul. Enfin, je fuivrai, fi je puis, votre exemple , tout coupable qu'il eft. Une foule d'intérêts étrangers à vous m'occuperont ; vous pourrez toujours augmenter mon bonheur , mais il ne dépendra pas de vous feule. J'étois à murmurer quand votre lettre eft arrivée ; j'ai fait un cri de joie ; je commençois à mourir d'inquiétude ; je difois à tous ceux qui m'entouroient , & qui vous connoiffent à peine : Mais , concevez-vous que depuis jeudi je n'ai pas reçu de lettres ? Ils rioient , (tout le monde ne fait pas la peine qu'on éprouve quand on ne reçoit pas de lettres ;) la voilà cette lettre charmante. Que j'étois infenfé , & comment pouvois-je douter de votre amour ! vous m'en avez donné plus de preuves que vous ne m'avez fait de fermens.

Savez-vous que ce n'eft pas vivre que d'être dans l'état où j'étois tout à l'heure ; fi c'étoit votre faute je n'aurois rien à dire, car une négligence eft une preuve d'indifférence , & il ne faut pas fe plaindre d'un mal fans remede. Au refte , il vous fera toujours bien facile de vous juftifier , vous n'avez qu'à dire un mot pour me perfuader ; je crois bien moins ce que je vois, que ce que vous me dites. Que je fouffre quand je penfe à la fin d'un jour qui a eu tant de peine à paffer, qu'il doit être fuivi de tant d'autres auffi ennuyeux ! Je fuccombe à l'abattement ; vous connoiffez cette maladie de l'ame fi difficile à guérir , les plaifirs n'y peuvent rien , ils l'irritent au contraire : celui

qui

qui difoit, chacun prend fon plaifir où il le trouve, avoit grande raifon ; car j'aurois beau le chercher où vous n'êtes pas, je perdrois ma peine.

Quoi ! nos amans font donc encore brouillés ? Je ne connois rien d'affreux comme un tel commerce, même malgré les charmes des raccommodemens : grondons-nous quelquefois, mais ne nous brouillons jamais. Je fuis charmé que ce pauvre Gourville ne foit pas mort, mais il eft bien vieux ; eft-il vrai que vous connoiffez quelque chofe de fes Mémoires ? ils doivent être bien intéreffans.

LETTRE VI.

De Mademoiselle de Lenclos au Marquis.

A Paris, çe 10 Septembre 1650.

VOUS ſavez que mon ami S. Evremond , au moment où j'étois embarraſſée des moyens de faire voyager mon fils , m'a propoſé de l'emmener avec lui en Angleterre, ils ſont partis ; & comme ils paſſeront quelques jours avec vous, je veux que ma Lettre ſoit remiſe à S. Evremond, je vous l'envoie. Dites-lui auſſi un mot de ma reconnoiſ-ſance. J'aime à penſer que vous en ſerez l'organe.

LETTRE VII.

Mademoiselle de Lenclos à M. de S. Evremond.

A Paris, ce 10 Septembre 1650.

COMME je trouve de plus en plus votre cœur
femblable au mien, mon cher S. Evremond, je
n'ai d'autre moyen de vous marquer ma reconnoiffance, qu'en vous difant combien je vous
trouve heureux d'avoir rencontré une occafion
de faire un auffi grand plaifir, de rendre un auffi
grand fervice, à la meilleure de vos amies, & de
développer avec autant de fenfibilité votre fentiment pour celle de toutes les femmes qui vous
aime le mieux. Il n'y a rien de plus touchant, de
plus délicat en amitié, que ce que vous faites pour
moi ; & vous fentez fûrement déja, comment une
bonne action fe paye elle-même, par le contente-
ment intérieur qui la fuit. Aucun arrangement ne
pourroit remplacer celui que vous avez fait pour
mon fils, quoique je fois très-sûre de l'homme à
qui je l'ai confié ; cependant j'aime qu'il ait un
furveillant tel que vous. Vous ne lui trouverez
point d'ufage du monde ; c'eft, je vous avoue, ce
dont je me foucie le moins, cette grace de cor-

B ij

ruption vient toujours affez tôt aux enfans de
ceux qui vivent en bonne compagnie. Vous trouverez à ce gouverneur un peu de fufceptibilité ;
quand on fent, que par fon favoir & fon efprit
on devroit être claffé d'une maniere fupérieure,
& que le fort vous met dans la claffe inférieure,
il eft difficile de ne pas croire fouvent, qu'on n'eft
pas à fa place, & de ne pas être choqué de la con-
tinuelle & fotte arrogance des gens qui n'ont
de mérite que la naiffance, & qui humilient fans
ceffe celui qui n'a d'ayeux que fon mérite. Mais
cet homme a beaucoup de vertus, de douceur,
il fçait l'Hiftoire, plufieurs Langues, les Mathé-
matiques, & il a des connoiffances en Chymie.
Charleval & *Defyvetaux* ont été, comme moi,
contens de fon efprit, c'eft tout ce qu'on peut
défirer, & ce qu'on ne peut trouver, fans quelques
légers inconvéniens. Il faut, je le crois, ménager,
& non flatter fa fufceptibilité, ne jamais
choquer fa fenfibilité, & ne jamais fe prêter à fes
illufions, c'eft le moyen qui me fert le mieux
pour corriger doucement l'amour-propre des gens
que j'aime, pour en tirer même parti, & pour
vivre parfaitement avec ceux que ce défaut fait
paffer pour les moins fociables.

Quant à mon fils, former fon caractere par de
la patience fans foibleffe, de la fermeté fans
rigueur ; laiffer développer fon phyfique, fans

craindre trop les petits dangers pour lui, & sans
l'expofer aux grands ; développer auffi fon efprit
par la curiofité ; créer fa petite inftruction par
occafion, rendre fon efprit jufte par la juftefle des
réponfes que l'on fait à fes queftions faifables, &
par le filence pour celles qui n'ont ni fuite ni fens,
& profiter à un âge plus avancé, de fon amour-
propre, de fa fenfibilité, & de fes réflexions,
pour en faire un homme aimable, célebre, ou
folide, felon l'un des trois genres auquel il fera
propre ; mais dans les trois fuppofitions, le rendre
honnête, par égoïfme, (paffez moi le mot en
faveur de fon énergie), en lui prouvant fans ceffe,
qu'il eft de fon véritable intérêt d'être vertueux :
voilà en peu de mots, mon cher S. Evremont,
l'efquiffe de mon fyftême fur l'éducation ; j'en
traiterai de temps en temps avec vous, quelques
parties en détail.

Je ne vous ennuierai plus de ma reconnoiffance,
elle eft vive comme mon amitié pour vous.

LETTRE VIII.

Mademoiſelle de Lenclos au Marquis.

A Paris, ce 10 Octobre 1656.

Nous ſommes allés faire une petite courſe au Havre. Enfin j'ai vu la mer, j'étois fort aiſe qu'elle fût agitée, parce qu'elle eſt plus belle, mais je mourois d'envie de m'embarquer dans un canot, on m'a dit qu'il y avoit du danger par un gros temps. Je m'étois fait une toute autre idée d'un vaiſſeau, c'eſt-à-dire de l'intérieur. Mon Dieu que l'on eſt mal à ſon aiſe là dedans! Il n'en eſt pas moins vrai, que ſi vous étiez aux grandes Indes je m'embarquerois ſur le champ pour y aller, duſſé-je périr avec tout l'Equipage. Je remarque qu'on eſt toujours téméraire, inhumain, quand on ne voit qu'un objet à la fois. Pour parvenir à un but quelconque, on fait mille choſes dont on auroit horreur dans toute autre circonſtance. Moi, comme une autre, pour aller vous voir deux heures plutôt, je creverois mes chevaux, mes gens; j'abandonnerois tous mes amis: cela eſt très-mal. Voilà ce qu'on gagne à réfléchir & à chercher la vérité; on fait enfin tout le mal qu'on eſt capable de faire. Le bon & ennuyeux B.... eſt venu hier; il m'a montré une Lettre de vous qu'il a reçue depuis long-temps ; ce pauvre homme en eſt enchanté , & croit bonnement mériter ce que vous lui dites : il y a entr'autres choſes, *qu'il eſt l'homme qui a le plus de philoſophie ;* ce qui me paroît d'autant mieux dit , qu'il ne faudroit qu'une égratignure pour le mettre au déſeſpoir. Je ne puis m'empêcher de vous parler de mon admiration pour votre facilité à dire des choſes ſans les penſer. Songez cependant que cela n'eſt permis qu'avec une bête ; un homme de ſens en ſeroit choqué, il ſauroit qu'en amour il n'y a point d'exagération ; le ſentiment eſt toujours au-deſſus de l'expreſſion, mais en amitié il eſt ſouvent au-deſſous. Vous êtes ſûrement la premiere perſonne qui ſe ſoit aviſée d'écrire à un ami d'hier, comme on écrit à ſa Maitreſſe, & dans ce cas , la Maitreſſe eſt en droit de croire que vous ne penſez jamais ce que vous dites. Il eſt plaiſant que je vous querelle , même ſur ce que vous écrivez aux autres ; mais vraiment votre Lettre étoit ridicule. A propos, Charleval m'a montré auſſi ce que vous lui mandiez : j'ai vu votre économie en fait de vers, vous avez l'adreſſe de faire ſervir pluſieurs fois les mêmes ſans qu'il y paroiſſe ; comme vous avez ſubſtitué à mon nom celui de **, je vais faire comme s'ils m'étoient adreſſés : je n'aime pas

> Plus tendre qu'amoureux ;
> Aimer ſans frénéſie.

Apprenez , Monfieur , que la frénéfie a bien fon mérite , & que quand on fait dire comme on aime , on ne fait pas aimer ; mais comme ce font de vieux vers , je ne veux pas m'en choquer. Si par hafard vous en faites de neufs , ayez la bonté d'être plus amoureux que fage , & fachez aimer avec tout le délire de la frénéfie. Vraiment , quand j'ai commencé à trouver beaucoup trop de plaifir à vous entendre , j'ai bien compté là-deffus.

Defyvetaux s'eft avifé de me prier à dîner à Saint-Germain , & d'y inviter Madame * * & *Marion de Lorme* (a) ; pour le punir de fa longue Lettre ,

---

(a) Marion de Lorme , amie de Ninon , Courtifane célebre. Son hiftoire eft remplie d'événemens extraordinaires. Elle fut long-temps Maitreffe de Richelieu. Le Prince de Condé l'aima beaucoup. Mazarin ayant découvert que les Frondeurs tenoient leurs affemblées chez elle , voulut la faire arrêter ; mais comme elle avoit beaucoup d'amis , on fufpendit l'exécution de l'ordre. On la fuppofa malade , & elle paffa pour morte. Elle vit même paffer fon enterrement du haut d'une fenêtre , & plufieurs de fes Amans y pleurer. La nuit de ce jour elle partit pour l'Angleterre , où quelque temps après elle époufa un Lord fort riche , qui mourut au bout de plufieurs années en lui laiffant beaucoup de bien. Elle étoit alors affez âgée , elle réalifa fa fortune pour finir fa vie en France. Entre Dunkerque & Paris des voleurs l'attaquent , & ne lui laiffent rien. Leur Chef lui trou-

nous irons demain le mettre en dépenſe. Pourquoi, me direz-vous, a-t-il prié Madame de*** ?
Il le falloit bien, pour que Deſyvetaux pût nous
comparer aux *trois Grâces* ; il n'y manquera pas,
il aime à dire des choſes neuves. En liſant vos
Lettres, je ſuis forcée de vous aimer plus que de

---

vant encore quelques attraits l'emmene & l'épouſe ; peu
après elle devient veuve, & reſte avec quatre mille
livres de rente. Elle s'établit dans le Fauxbourg Saint-
Germain, avec un Laquais & une Femme-de-Chambre.
Après une abſence de trente ans, la curioſité de revoir
Verſailles la porte à y aller. Elle apperçoit Ninon dans
la Galerie ; elle eſt au moment de voler dans ſes bras ;
mais voyant que la ſeule amie qui lui reſte ne la recon-
noît pas, ſon cœur ſe ſerre, elle retourne à Paris ; elle
tombe malade. Elle étoit alors dans l'âge le plus avancé ;
ſon Laquais & ſa Femme-de-Chambre font le complot
de la voler & de l'abandonner ; ils l'exécutent, elle reſte
vingt-quatre heures ſans ſecours. Les voiſins mon-
tent par haſard chez elle, à peine elle a la force de
conter ſon malheur ; elle dit qu'elle n'a nulle reſſource.
On lui demande s'il lui reſte quelques parens, quelques
amis, elle nomme Ninon ; mais ajoute qu'un mois avant
elle ne l'a pas reconnue. Les gens qui l'écoutent volent
dans la rue des Tournelles, & reviennent, les larmes
aux yeux, dire à Marion de Lorme que Ninon vient
d'expirer. Ce dernier coup l'accable ; elle meurt elle-
même quelques jours après à la charité de ſes voiſins,
qui la ſoignent juſqu'au dernier moment.

raifon ; elles font tendres , & fe fuccedent fans beaucoup d'intervalle. J'avoue que malgré la fermeté
de mon caractere , & fur-tout ma rare vertu, fi je
vous voyois un peu après la Lettre, ce ne feroit
pas fans frénéfie. Vous pourriez me dire auffi fi
mes Lettres vous font plaifir ; ne me faites pas
attendre les réponfes, je vous jure que rien n'eft
auffi doux pour moi que de vous parler. Mais on
me fait mener une vie fi extraordinaire ; on ne
voit plus de raifon pour fe coucher. Il eft vrai
que le lendemain matin il arrive deux ou trois
perfonnes, & il n'y a pas moyen d'écrire, mais
foyez tranquille ; depuis que je vous connois , je
fuis ennemie de l'inconftance. Le petit Conte que
vous m'envoyez pourroit me fervir de leçon. La
Tourterelle dont vous parlez aimoit comme une
femme, & j'aime comme une Tourterelle. Je vous
enverrai demain mes penfées *fur l'amour-propre ;* je
ne fuis pas trop en train, & puis j'en ai tant, que
je n'ai pas pu obferver celui des autres. Il y avoit
hier à fouper une certaine Madame de..... à qui j'ai
beaucoup parlé, parce qu'elle a été bien amou-
reufe , & que j'aime à parler à des gens qui peuvent
m'entendre. La méchante m'a affuré que vous aviez
aimé Madame de..... à la folie ; que vous ne la
quittiez pas un inftant ; vous lui rendiez juftice en
l'aimant beaucoup ; mais fi vous ne m'aimiez pas
encore plus qu'elle , qui me fera garant de votre

foi ? Prouvez-moi donc que j'ai tort de craindre.
Adieu ; je ferois bien fâchée de vous dire que
je vous aime, puifqu'il vous eft impoffible d'en
douter.

LETTRE IX.

Mademoiselle de Lenclos au Marquis.

A Paris, ce 18 Octobre 1650.

VOUS avez donc eu la même inquiétude que moi fur mes Lettres, je fuis bien fâchée qu'elles n'arrivent pas plus exactement que les vôtres ; mais je ferois au défefpoir que vous n'en fuffiez pas inquiet. Ce ne font pas les voleurs que l'on devroit pendre, mais ces Employés de la Pofte fi négligens ; je voudrois que la loi les condamnât, & pouvoir obtenir leur grace : je fuis très-vindicative, mais aux ames généreufes le pouvoir de fe venger fuffit.

Ah ! ah ! il y a des fêtes où vous êtes ; eh bien, j'irai au Spectacle, où je n'ai pas encore été depuis votre départ. J'avois promis à Chevreufe d'y aller, depuis j'avois réfolu de lui manquer de parole ; mais vous allez au Concert, on ne peut pas tenir à un pareil outrage : je vais m'amufer comme une Reine à Vinceflas (*a*). Voyez ce que c'eft que le bonheur ! Hier, on ne m'auroit pas fait aller au Spec-

---

(*a*) Tragédie de Rotrou, repréfentée pour la premiere fois en 1647.

tacle pour l'empire du monde, mon chagrin m'occupoit trop. Les Moralistes diront que le chagrin ne laisse point de vuide, & que le bonheur en laisse quelquefois; moi je dirai qu'hier je haïssois l'Univers entier, & qu'aujourd'hui je veux faire voir au monde que je lui pardonne. Au reste, je pourrois vous envoyer des vers à ma louange que j'ai reçus ce matin. Ne croyez pas, Monsieur, que vous soyez seul en droit de faire des conquêtes, on pourroit vous en opposer. Il est vrai que nous employons des moyens différens; vous plaisez par vos dédains, & moi par une extrême affabilité : il vaudroit peut-être mieux que nous changeassions tous deux; mais malgré moi je suis la meilleure personne du monde, vous me saurez peut-être mauvais gré de mon air prévenant & affable ? Que voulez-vous ? l'air dédaigneux sied à votre figure, il ne sied point du tout à la mienne; il faut que chacun cherche à paroître à son avantage. Monsieur de..... a lu, à l'Hôtel de Rambouillet, quelque chose sur le C....., où il le tourne en ridicule d'une maniere presqu'indécente; mon petit Versificateur étoit charmé, il dit hautement qu'il étoit enchanté qu'on humiliât les *Grands*. (car c'est ainsi qu'il les appelle.) Je prouvai avec éloquence, devant l'Orateur, qu'il n'y avoit nul courage à dire du mal d'un *Grand* qui est mort, & de tout *Grand* qui n'est pas-là pour nous entendre, & qu'il n'arrive que trop fouvent que celui qui les déprécie en arriere, s'en laiffe impofer dès qu'il en approche ; que le vrai courage feroit de les braver en face, quand ils le méritent. Après cela, nous avons differté longuement fur l'Amour, & j'en parle comme je le fens. Il s'enfuit de tout cela que je vous aime plus que ma vie, malgré les Bals, les Concerts ; quand vous vous ennuierez dans tous ces endroits-là, tout ira bien.

Un jour malheureux a été héureux : j'ai rencontré hier Laufun, que je croyois au bout du monde ; il m'a demandé de vos nouvelles, & fi vous étiez toujours bien amoureux? Sait-on cela quand on aime? Il faut être de fang-froid pour favoir à quel point on eft aimée.

Je crois avoir enfin découvert la caufe de l'exigeance & de la jaloufie des femmes qui aiment à la folie. Les hommes ont voulu qu'on ne leur fît point un crime de l'infidélité ; ils y font parvenus, parce qu'ils font les plus forts ; ils gouvernent l'opinion, parce qu'ils font à la fois Légiflateurs & Juges : comment croire d'après cela qu'ils n'abuferont pas de la liberté qu'ils fe font réfervée! Voilà pourquoi, en quittant fon Amant, on le foupçonne ; voilà pourquoi j'ai craint que vous ne vous ferviffiez de cette petite porte pour me trahir. La premiere chofe que l'on dit aux femmes, c'eft que les hommes font légers ; on vous dit que les femmes font fauffes, & il y a fi peu d'exception à la regle, qu'il faut bien du temps & un grand effort de raifon pour rétablir la confiance, & vous favez bien que la confiance aveugle naît de la fottife. Adieu, il faut fe coucher & s'endormir bien vîte; mais votre image eft toujours-là exprès pour m'en empêcher.

LETTRE X.

De Mademoiselle de Lenclos au Marquis.

A Paris, ce 20 Octobre 1650.

JE ne puis m'empêcher de vous parler encore de ces lettres de Madame de Sévigné, mon cher Marquis, leur grâce eſt inconcevable ; ſi jamais on en fait un Recueil, il n'y aura pas de lecture plus agréable.

Je penſois, & je diſois l'autre jour, qu'en gé-néral, dans ce genre de ſtyle les femmes avoient tout avantage ſur les hommes. Je voudrois en trouver la raiſon ; peut-être ſentons-nous plus vivement, avec plus de délicateſſe que vous, peut-être cette délicateſſe nous fait elle appercevoir mille nuances qui vous échappent, que nous peignons avec le ſentiment qui nous les indique, & que votre goût & votre eſprit apprécient, mais qu'ils n'auroient jamais pu découvrir. Je crois qu'il en eſt de notre ſtyle ainſi que de nos ſoins. Voyez comme nous ſavons calmer, conſoler une ame ſouffrante, malade ; voyez juſqu'à quel point nous pouvons pouſſer ces attentions de détail qui adouciſſent les ennuis, les peines, même les malheurs ; de quelle ſuite

nous

nous fommes capables dans ce genre ! En vain vous voudriez nous imiter, vous vous perdriez fans ceffe, dans la progreffion adroite, infenfible, qu'il faut mettre à ces foins, & qui fait feule leur pouvoir & leur charme.

De même notre ftyle, par une piquante diverfité, prend tour-à-tour des teintes douces qui vous font inconnues. Plus brillans que nous en penfées fortes, & plus féconds en images frappantes, votre imagination même vous nuit; fouvent preffés par elle, vous abandonnez une idée, que nous nous plaifons à développer, à définir. Quelquefois un mot fuffit pour donner toute la grâce, toute l'expreffion à une penfée, vous l'oubliez, nous l'écrivons; enfin nous avons déja peint, que vous n'avez encore été qu'éloquens.

Lifez les Lettres d'une femme tendre, même paffionnée; elles font moins brûlantes, moins expreffives que celles de fon Amant; l'amour cependant s'y fait mieux reconnoître: peut-être nulle phrafe n'eft énergique, ne peint le délire du fentiment, mais chaque mot refpire & la tendreffe & l'abandon, toutes ces expreffions femblent être unies, enchaînées par la même penfée, jufqu'au défordre de fon ftyle, tout en reffent l'empreinte, & rien ne peut en interrompre l'effet.

Enfin, foit amour, foit amitié, comme l'un

& l'autre de ces fentimens eft le fondement de notre bonheur, ou de notre malheur, eft, en un mot, le plus grand intérêt de notre vie, nous les avons plus médités, plus calculés que vous, nous en faififfons mieux les rapports, les nuances, nous devons mieux les définir, & d'ailleurs, le dirai-je ? l'habitude de feindre, de cacher de bonne heure nos impreffions, en rend l'expreffion plus adroite, plus fine, notre amour-propre même eft accoutumé à fe modifier fans ceffe felon les circonftances, cette étude, cette victoire fur foi-même, eft peut-être au-deffous de vous; mais il eft certain que fi notre amour-propre égale, ou même furpaffe le vôtre, jamais il ne fe montre auffi à découvert, & dans mille occafions notre ftyle doit s'en reffentir. Parlerai-je à préfent de la gaieté, de la plaifanterie qui fait fouvent tout le piquant d'une Lettre ? Vous conviendrez que tout jufques à nos défauts, notre légéreté même nous donne l'avantage dans ce genre. L'inftinct de notre coquetterie, ce befoin fecret de plaire, nous avertit de ne jamais pouffer la gaieté jufqu'au perfifflage, la peinture du ridicule jufqu'au farcafme; fi notre efprit ne nous fournit pas d'idées nouvelles, notre goût nous infpire une forte de rapprochement, d'alliance de mots inattendus, & cette tournure, fouvent négligée, quelquefois piquante, fait toute la grâce de notre diction.

Voilà, mon cher Marquis, ce que je penſe ſur cet objet. Peut-être n'eſt-ce qu'un radotage, mais vous ſavez que je vous confie toujours ce qui ſe paſſe dans ma tête & dans mon cœur.

LETTRE XI.

Du Marquis à Mademoiselle de Lenclos.

A Grenoble , ce 25 Octobre 1650.

SI je fuis obligé de refter encore quelque temps
loin de vous , je fens que ma tête s'en ira tout-à-
fait. C'eft toujours mon cœur qui *la dirige.* Vous
croyez m'aimer davantage depuis que j'ai volé
dans vos bras, malgré les obftacles qui fembloient
s'y oppofer ; mais, ma Ninon, ne favez vous pas
bien que rien n'eft impoffible à l'Amour ? Quand
je ne ferai pas tout ce qu'il eft poffible de faire ,
ce fera toujours la faute de l'occafion , & jamais
celle du fentiment. Sur-tout , n'oubliez pas les
intérêts de l'amour ; jamais , jamais , je ne faurois
vivre fans vous. Penfez quelquefois à ce que
j'éprouve. Quand nous fommes féparés , fi l'amour
vous rappelle une image fidelle de celui qui vous
aime , vous le verrez languir, & vous défirerez
autant que lui l'inftant qui doit nous réunir. Je
fuis fort inquiet de favoir que vous avez blâmé
indirectement le Ch..... d'être trop occupé de fa
Maîtreffe ; j'en tire une conféquence fâcheufe pour
moi, on aime tint à retrouver fes fentimens dans

les autres! vous n'aimez donc pas, puisque vous trouvez ridicule qu'on aime beaucoup? Je voudrois bien que vous m'expliquaffiez cela. Je ne puis vous rendre le bonheur que j'ai éprouvé hier en recevant votre Lettre : convenez qu'un Amant qui aime, eft un être bien ridicule, j'en ai fait la réflexion, en voyant que dans prefque toutes vos Lettres vous cherchez à me raffurer, parce que je me plains continuellement. Dites-moi donc des injures pour me faire taire. Convenez que je dois regretter le temps où c'étoit toujours vous qui aviez peur; vous étiez peut-être même plus heureufe. Les inftans les plus doux pour une femme bien tendre, font les premiers où elle a fait le bonheur de fon Amant. Quel calme, quelle fécurité ! Prévoit-on alors que le moindre nuage puiffe jamais obfcurcir de fi beaux jours? mais les femmes font envieufes, elles veulent favoir fi l'Amant aime affez pour être jaloux. Ce bonheur ne fuffifoit pas, il falloit que la jaloufie flattât l'amour-propre ; on rend fon Amant infupportable, & on le gronde après.

J'ai à la fin trouvé une femme pour votre petit chien, elle à la figure moins agréable que fon mari ; mais' elle eft douce, careffante, folle, craintive fans être obéiffante ; enfin, c'eft un fujet charmant, fon nom de fille eft *Emma*. Décidément je ne fuis pas trop heureux aujourd'hui; je penfe du mal de l'Amour, & peut-être des Femmes :

c'eſt la regle. On murmure contre ſon Maître , &
l'on ſe plaint de ce que l'on aime trop. Si j'avois
de la raiſon , je dirois , eſt-ce donc ſa faute ? Et
ſi je l'aime chaque jour davantage , doit-'elle
changer comme moi ? mais je n'en ai point , &
dans mon chagrin je me dis, on ſe fait toujours
illuſion dans les premiers momens de l'amour ;
on ſuppoſe ſa Maitreſſe indulgente, complaiſante ;
mais les femmes ! les femmes !…. Communément
preſque toutes commencent à dire le mot qui
plaît, & finiſſent par dire celui qui afflige. Vous ſavez
à quel point le Comte aime Madame de…. ; elle
avoit ramené d'Angleterre une femme-de-chambre
jolie comme tous les Anges. Le Comte eſt un peu
léger. Madame de…. crut s'appercevoir que
malgré ſon parfait dévouement la conſtance de
ſon Amant ne ſoutiendroit pas l'épreuve d'une
auſſi jolie perſonne ; elle fit l'impoſſible pour cacher
ſon inquiétude , parce qu'elle eſt fiere. Enfin, un
jour, emportée par la douleur , elle lui dit : je vous
ſoupçonne, & ſi vous ne ceſſez pas de m'alarmer,
j'aurai Monſieur un tel & je vous le dirai. Il fut
tout étonné ; mais il ne le crut pas. Quelque temps
après , elle arriva dans ſa chambre pâle comme la
mort , & lui dit , avec toute la nobleſſe poſſible ,
je vous ai tenu parole ; j'ai eu un *tel* , à tel endroit ,
à telle heure , de maniere enfin qu'il ne peut la
ſoupçonner de le tromper. Il eut d'abord envie de

la tuer, & il finit par tomber à fes pieds. Je ne conçois pas cet homme. Il faut être d'une foibleffe ! à fa place, j'aurois méprifé & fui ma Maitreffe pour la vie. Adieu, ma divine Ninon, je vous envoie un Roman qui vous fera plaifir à lire ; l'Auteur a bien de l'efprit, & même de la fenfibilité. C'eft une chofe bien rare. C'eft au point, que j'ai toujours peur d'être moins aimé le jour où je vous trouve plus aimable qu'à l'ordinaire. Dans le vrai, vous avez fouvent trop d'efprit ; autrefois vous ne raifonniez pas fur l'Amour en l'analyfant ; vous l'avez prefque réduit à rien. Pauvre Amour ! mais mon cœur lui rend bien tout ce que vous lui difputez.

LETTRE XII.

Mademoiselle de Lenclos au Marquis.

A Paris, ce 29 Octobre 1650.

LA femme dont vous me parlez dans votre derniere Lettre est une très-honnête femme, je vous
assure que vous ne me mépriseriez pas si je m'ac-
cusois d'une infidélité, après vous en avoir menacé;
on ne méprise pas celles qui avouent leurs
foiblesses, parce qu'on méprise trop celles qui les
cachent à leur Amant. Mais ne disputons plus; je
n'ai pas plus d'envie d'être infidelle que d'être
trompée, & vous ne connoissez pas mon cœur,
rien ne peut m'arracher à vous. Je me connois
mieux en bonheur que celle qui sacrifioit son
Amant à une couronne; dans ce cas, la folie est
la sagesse, & la raison fait souvent de bien mauvais marchés.

J'ai appris, avec un plaisir extrême, que votre
frere avoit obtenu la place qu'il désiroit. Je prends
toujours ma part de tout ce qui vous arrive d'heureux. Je ne puis m'ôter de la tête que votre pere
est le mien, votre frere est mon frere, vos amis
sont mes amis; il n'y a que votre femme, dont

je ne sais absolument que faire. Un maudit voyage à Fontainebleau m'a enrhumée, je paie mon étourderie ; mais, au reste, il est bien sûr qu'il m'arrivera toujours quelque chose, tant que vous serez absent. Je suis comme ces Soldats qui ont la maladie du pays ; quand ils obtiennent leur congé, ils se portent à merveille. Le jour que j'irai au-devant de vous, je serai plus forte & plus gaie que je l'ai jamais été. Je suis persuadée que vos soins sont nécessaires à mon existence ; comment vivre sans elle, à moins d'en ignorer la douceur. Ce qui me choque, c'est que vous ne vouliez pas me croire, quand je vous mande que je souffre. Vous dites, les femmes aiment à se plaindre, elles croient se rendre plus intéressantes, sur-tout aux yeux de leur Amant ; vous ne savez donc pas encore que je ne me plains jamais sans souffrir. Quand e serai morte, vous serez bien attrapé.

J'avois répondu d'avance à la Lettre de votre mi. J'ai dit qu'en effet on parloit de ses amours : faut qu'un homme prenne une Maitresse obscure ; faut qu'une femme prenne un Amant subalterne, our qu'on n'en parle point. J'espere, pour le bon-eur de votre ami, qu'à son retour à Paris on en arlera beaucoup moins. D'ailleurs, dites-lui de a part qu'il y a maniere de savoir une intrigue : u'on la soupçonne ce n'est rien, pourvu que homme soit assez honnête pour ne rien faire qui en donne la certitude. Je n'imagine pas que l'on puiffe jamais blâmer une femme d'aimer votre ami, mais qu'il refpecte la décence, & faffe que fa Maitreffe paroiffe toujours dans le monde avec le même éclat ; cela dépend de lui, & fon bonheur en fera plus grand. Vous me dites, à ce fujet, que *les hommes apprécient ce qu'ils poffedent , en raifon du cas que le Public en fait :* cela eft fouvent vrai, mais pas toujours. Une amitié & un amour bien vrais font indépendans de tout ce qu'on en peut dire. Voilà pourquoi, en général, les femmes laides font mieux aimées que les autres. Ce n'eft pas de plaire fouvent qui rend heureux, mais de plaire beaucoup & long-temps. Mon Dieu, que Laufun a été aimable l'autre jour chez moi ! on lui difoit qu'une femme mettoit du blanc : tant mieux, dit-il, car fi elle mettoit du noir, ce feroit épouvantable. Adieu, je fuis contente aujourd'hui ; je ne ferai heureufe que dans quatre jours.

P. S. Je rouvre ma Lettre, mon cher Marquis, mon petit chien eft retrouvé, *Emma* aura un mari. On aura beau parler contre l'exigeance, dorénavant Dorlis n'aura de liberté que la longueur de fa chaîne, il a un charme pour tout ce qui le connoît; la femme qui l'avoit, quoiqu'elle n'eût pas trop de quoi le nourrir, a beaucoup pleuré en le quittant. Je vais faire avertir tous mes amis, car ils font dans la douleur. Tous les Efpions de Paris s'évertuent; mais c'eft un petit Savoyard qui en a toute la gloire. Je vais faire tirer un feu d'artifice en l'honneur de fa fidélité.

LETTRE XIII.

Le Marquis à Mademoiselle de Lenclos.

Grenoble, le 3 Novembre 1650.

ENFIN je pars demain, ma Ninon. En allant jour & nuit je ne ferai pas encore affez tôt dans vos bras. Plus le moment de vous voir approche, moins je fens le courage de l'attendre; l'efpoir du bonheur eft une forte de jouiffance, mais l'impatience trop vive eft un tourment..... Adieu, adieu : J'ai tant d'affaires pour ce bienheureux départ, qu'à peine j'ai le temps de fermer ma Lettre.

LETTRE XIV.

Mademoiselle de Lenclos au Marquis.

A Picpus, ce 10 Décembre 1652.

DEPUIS un mois que vous êtes à Paris, je ne
suis pas contente de vous. Je ne sais si vous m'aimez
autant qu'autrefois..... Vous alliez dans le monde,
mais il vous en coûtoit autant qu'à moi. Vous ne
me disiez pas, *j'aime le bal*, *j'aime la société* : c'est
me dire je vous aime foiblement, l'amour n'est
pas le plus grand intérêt de ma vie. Cessez de croire
que je parle du monde & de la Cour, comme les
femmes de finance parlent des femmes de qualité.
Vous avez une bien fausse idée de ma philosophie ;
non, je ne hais que ce qui vous éloigne de moi :
encore si vous partagiez mes regrets !.... mais être
heureux de ce qui me tourmente. Quand vous me
quittez, ce n'est donc pas un sacrifice que vous
faites au devoir ? S'il vous en coûtoit davantage
de le remplir, j'unirois mon courage au vôtre,
vous n'en avez pas besoin ; cette idée m'aigrit
tous les jours davantage. Oui, j'en jure ; je re-
noncerai à vous s'il faut renoncer à l'espoir de
vous plaire uniquement, si d'autres intérêts vous

occupent, vous plaifent, mon fort eft arrêté. Vous
osâtes me dire hier que vous défirez que je m'amufe?
Infenfé ! apprenez qu'au moment où je pourrai me
diftraire , où votre image difparoîtra un inftant
je ne vous aimerai plus.....: ne dites plus je peux
vous aimer à la folie , & m'amufer ; non , non,
non; fi vous vous plaifez où je ne fuis pas, vous
ne m'aimez plus. Au refte , vous l'avez deviné;
je ne favois pas que j'euffe un Amant *Comédien.*
J'imagine que c'eft une nouvelle que vous avez
apportée de province. Puifque l'on a le projet d
vous alarmer , on devroit au moins faire des
hiftoires plus raifonnables. Je remarque que les
femmes , quoiqu'elles n'aient pas beaucoup d
charité entre elles , fe ménagent plus fur ce point
Il eft rare qu'une femme dife à une autre : votr
Amant vous trompe, à moins qu'elle ne foit très
méchante ; ou que ce ne foit une amie qu'ell
croye qu'il eft de fon devoir d'avertir. Au lie
qu'entre les hommes c'eft prefqu'un jeu: vos ami
vous difent ces chofes là fans fcrupule. Je croi
en entrevoir la raifon. Quand un homme en averti
un autre, il efpere le guérir ; au lieu qu'une fem
fait bien que , communément en éclairant fo
amie, elle ne la guérit de rien. Je fuis très-fûre
fans vanité, que les gens qui vous difent du
de moi ne font pas de bonne foi ; ils affectent u
févérité qu'ils n'ont pas , & fans l'intérêt que l'o

croit avoir de vous détacher de moi, tel qui vous en dit du mal, vous en diroit peut-être du bien.

Je vous demande sincérement pardon de mes nombreuses égratignures. Vous bleffez mon cœur, & je bleffe vos mains. Il faudroit être plus adroite, & plus jufte dans fes vengeances. Vous parlerai-je encore ? Non, précifément ; parce que j'ai mille chofes à vous dire, vous en feriez peut-être importuné ; il faut fe priver de fes plaifirs, pour confer-ver s'il fe peut fon bonheur. Vous paffez votre vie chez Mademoifelle d'Aub ** ; croyez-vous que j'aime cette liaifon ? J'ai foupé hier avec des per-fonnes qui vous connoiffent beaucoup ; elles vou-loient me perfuader que vous étiez léger, même infidele..... les méchantes gens !..... J'ai bien vîte rompu la converfation ;..... peut-être auroient-ils détruit ma tranquillité..... L'aveuglement vaut mieux qu'un jour qui bleffe.

LETTRE XV.

Du Marquis à Mademoiselle de Lenclos.

Au Marais, ce 9 Décembre 1650.

NON assurément, je ne passe point ma vie chez Mademoiselle d'Aub ** ; je ne la vois que des momens. Tenez, il y a de l'injustice & de l'esprit dans votre Lettre, je ne peux pas souffrir cela. Avec vous, jamais on ne sait où l'on en est ; l'incertitude de vos opinions est désespérante. Vous m'accusez d'aimer le monde, & quand je vous retenois dans ma Terre, vous me grondiez de ma sauvagerie. Vous vous en souvenez, il n'y a que six mois. Vous ne l'avez donc pas oublié. Convenez que c'est un peu d'inconséquence, comme de me reprocher de me lier avec Mademoiselle d'Aub **. N'est-ce pas chez vous que j'ai fait connoissance avec elle ? Ne la trouvez-vous pas charmante ? Quand je chercherois à en faire mon amie, quel mal y auroit-il à tout cela ? Allons, avouez que vous êtes déraisonnable. Vous, me soupçonner ? être inquiette ?..... Ce soir je vais bien vous gronder.

LETTRE

LETTRE XVI.

Mademoiselle de Lenclos au Marquis.

A Picpus, ce 11 Décembre 1650.

JE n'ai pas eu de Lettres hier matin. Vous favez qu'il m'en faut une à mon réveil. Vous êtes fort fenfible aux inquiétudes que vous caufez. Je n'aurois jamais cru que les fuites d'un retour fi défiré feroient accompagnées d'autant de peines. Voilà les effets d'une longue abfence, & après vous être occupé fans ceffe d'objets étrangers à moi, ma préfence ne pourra pas empêcher de nouvelles diftractions. Quelque chofe qui arrive, ou je perdrai tous mes droits fur votre cœur, ou perfonne n'en aura, foit fous le nom de l'amitié, de l'eftime, toute efpece de fentiment me déplaît également. L'amitié exige des foins, une confiance éntiere, des facrifices même ; l'Amant que mon cœur a choifi ne formera pas de ces fortes de liaifons. Si, lorfque je vous ai connu, vous aviez eu une amie, je n'en aurois pas été jaloufe ; mais, au moment où mon cœur eft le plus enflammé pour vous, vous voulez faire votre amie intime, dites-vous, de Mademoifelle d'Aub..... L'Amour ne peut plus

I. Partie.   D

vous fuffire ; Grand Dieu, comme on fe trompe
foi-même avec ces amitiés-là ! Non, non, mon
cher Villarceaux, fi vous m'aimez encore, vous
n'aurez point une auffi belle amie. C'eft de la
tyrannie, direz-vous ? Oui, tel eft mon caractere ;
fi j'ai beaucoup de droits, j'en abuferai ; fi j'en ai
de foibles, je les abandonne.

LETTRE XVII.

Mademoiselle de Lenclos au Marquis.

A Paris, ce 13 Décembre 1650.

VOTRE conduite m'éclaire de plus en plus, & vous n'y mettez pas d'adreſſe ; vous avez, me dites-vous, *tout abandonné pour moi dans le commencement de notre liaiſon* : c'eſt ce qu'on fait toujours, non-ſeulement pour la femme qu'on aime, mais pour celle qu'on déſire ; les ſacrifices ſont pour celle qu'on veut avoir, il n'en eſt plus pour celle dont on eſt adoré. Si ſon cœur ſouffre, ſi ſa ſanté s'altere, on s'en remet au temps pour la guérir. Digne procédé des hommes légers qui vous reſſemblent : je ſavois cela depuis long-temps ; il étoit inutile d'employer quatre pages pour me le redire. Je n'ai que des éclairs de raiſon, ils me ſuffiſent pour apprécier la vôtre. Je ſais diſtinguer la raiſon, de la pédanterie ; les petites prétentions, d'une ambition noble, & la gloriole, de la gloire. Je ne confonds pas non plus les devoirs ſacrés que notre cœur nous force à remplir, avec les devoirs futiles que l'opinion & la ſociété commandent à la ſottiſe. La paſſion m'aveugle quel-

D ij

quefois, mais malheureufement, jamais affez pour me perfuader que je fois heureufe : vous voulez m'ouvrir les yeux, vous y parviendrez fans doute ; mais je ne verrai que des vérités cruelles.

Vous voyez, froid raifonneur, par cette réponfe, combien votre Lettre eft déplacée. Gardez dorénavant pour vous feul ces fublimes idées, & s'il eft encore un facrifice que vous puiffiez me faire, que ce foit celui de vos fermons glacés. Vous fentirez, j'efpere, que malgré le peu de tendreffe que vous avez mis à la fin de votre Lettre, je l'apprécie tout ce qu'elle vaut. Je ne fais pas jufqu'à quel point vous voulez réparer les torts de l'Amour auprès de la Cour & de la Société ; mais je fais très-bien jufqu'à quel point je veux fouffrir les réparations, & vous verrez combien je vous fais gré d'avoir été le premier à détruire une illufion trop chere.

LETTRE XVIII.

Du Marquis à Mademoiselle de Lenclos.

A Verſailles, ce 14 Décembre 1650.

Quelle Lettre, ma Ninon ! eſt-ce bien votre main qui l'a tracée ? eſt-ce bien votre cœur qui vous l'a dictée ? Non, non; c'eſt un inſtant d'humeur, de jalouſie, peut-être, qui vous rend à la fois ſi coupable & ſi injuſte. Que voulez-vous de moi ? parlez : croyez-vous qu'il exiſte des ſacrifices que je balancerois à faire pour votre bonheur, même pour votre tranquillité ? Pourquoi ne pas les ordonner, plutôt que de me traiter avec ce perſifflage amer qui me déſole, & qui me peint à quel point j'ai pu vous déplaire ? Eſt-ce-là le moyen d'entretenir le charme de cette liaiſon, qui faiſoit l'envie de tous mes rivaux. Je ne ſuis point coupable. Non, je ne le ſuis pas ; vous ne pouvez ſoupçonner mon cœur de trahiſon. Qu'ai-je fait ? qu'ai-je dit ? Vous m'accablez ; vous me puniſſez ſans m'entendre ; vous vous plaignez ſans m'expliquer mon crime, & vous me rendez mille fois plus à plaindre que vous. Si, dans ma derniere Lettre, j'ai pu gauchement vous mander des choſ

D iij

qui bleffent votre fenfibilité , que pouvez-vous
en concluse ? Faut-il auffi mal interpréter quelques
phrafes mal-adroites ?..... Ah ! je fuis fûr que vous
vous repentez déja de m'avoir fi mal compris , fi
mal traité. Je vous écris cette Lettre de Verfailles ;
je brûle de la fuivre , pour vous faire avouer tous
vos torts.

LETTRE XIX.

De Ninon au Marquis.

A Paris, ce 15 Décembre 1650.

JE me suis fâchée, & j'ai eu tort. Comment voulez-vous que je demande le sacrifice des plaisirs auxquels vous donnez le nom de devoirs? Quand après, vous parlez avec plus de franchise, & que vous dites, j'aime le bal; je suis encore plus embarrassée de vous dire : n'allez pas où vous aimez à aller, je boude, cela vous ennuye; mais il m'est pour le moins aussi impossible de ne pas me fâcher, qu'à vous de ne pas aimer le plaisir qui nous sépare.

Tout cela me fait faire de sérieuses réflexions ; j'ai besoin d'appeler la raison à mon secours; j'ai besoin de courage, & peut-être d'être quelques jours sans vous voir. S. Evremont m'a proposé d'aller pour quelques jours à la campagne, c'est le service le plus essentiel qu'il pût me rendre... Rester à Paris, sans vous voir, m'eût été impossible. Je pars : ne me suivez pas, je l'exige, je vous le défends. Je crois que j'ai encore des droits sur vous? pourquoi les aurois-je perdus tous ?.... l'ai-je mérité ?

D iv

J'attends même de votre foumiſſion de ne pas m'écrire. Je ne recevrois, ni ne répondrois à vos Lettres. Je vous demande, comme une marque de tendreſſe, quelques jours de calme & de folitude. Ne craignez rien, je fuis loin de vouloir vous abandonner; attendez de mes nouvelles, j'efpere qu'elles ne tarderont pas à vous parvenir, & je vous jure qu'elles précéderont de peu mon retour. Ne me réfiftez pas, je vous en conjure; à quoi vous ferviroit de me voir ? il n'y auroit que moi d'heureufe.

LETTRE XX.

De Ninon au Marquis.

A Picpus, ce 23 Décembre 1650.

JE vous tiens parole, Marquis; depuis huit jours que je fuis feule ici, j'ai eu le temps de me livrer aux réflexions : fur-tout lifez-moi avec attention ; je vois bien qu'il faut que je vous confie ce qui fe paffe dans votre cœur ; non-feulement vous ne me l'avoueriez pas, mais à peine en conviendriez-vous avec vous-même, & vraiment je ne fais pas pourquoi. Maintenant me voilà raifonnable..... Eft-ce un crime d'être inconftant ? c'eft tout au plus un tort néceffaire. Je vous ai dit cent fois que je ne voulois vous enchaîner que par les plaifirs. C'eft un Amant que j'aime & non pas un efclave... Vous allez me trouver bien indulgente. C'eft toujours notre faute fi l'on nous eft infidele, fûrement nous avons oublié d'ajouter quelques fleurs à la chaîne qu'il falloit embellir de tout le preftige de l'amour, pour la rendre éternelle.... Tranchons le mot. Si Mademoifelle d'Aubigné m'enleve votre cœur, je ne m'en prends qu'à moi. Depuis long-temps j'ai découvert le feu fecret dont vous brûliez pour elle. Je m'en fuis apperçue, même avant vous Marquis. On eſt éclairée lorſque l'on craint de perdre un ſi doux intérêt dans ſa vie..... Je l'avouerai, j'ai fait l'impoſſible pour vous retenir; la connoiſſance du caractere de Mademoiſelle d'Aubigné eſt devenue une étude particuliere pour moi. Sans ceſſe je me ſuis miſe en parallele avec elle. Nos défauts, nos agrémens, tout a été comparé mille fois, tout a été calculé, combiné avec vos goûts, avec le genre de votre eſprit &' de votre caractere, il s'agiſſoit de découvrir ce charme ſecret qui faiſoit triompher ma rivale; je dis plus : l'emprunter, le lui ravir même, & la combattre avec ſes propres armes..... Soit amourpropre, ſoit défaut de lumieres, je n'ai pu le *découvrir*; mais il n'en exiſte pas moins..... La grâce, l'attrait ſe modifient ſous tant de rapports, que l'eſprit même ne peut en ſaiſir toutes les nuances..... C'eſt donc ce je ne ſais quoi qu'on ne peut définir; ce rien, qui feroit tout pour moi ſi j'avois pu le deviner, & qu'un voile épais me dérobe ſans ceſſe. Ah! quand l'Amour m'auroit éclairée, peutêtre encore aurois-je fait de vains efforts pour m'entourer du charme qui vous attire..... J'aime mieux le croire, c'eſt un regret de moins pour mon cœur; car, en dépit de ma philoſophie, je vous regrette, Marquis : oui, je vous regrette, comme ces ſonges pleins de charmes, dont les ſouvenirs font encore fi doux, & que d'impuiffans défirs ne peuvent ramener. Qui peut ceffer de plaire a perdu le droit du reproche ; mais j'aurois lieu de me plaindre fi je n'étois plus rien pour vous.

Adieu, Marquis , fi le temps fane les fleurs que vous aviez jetées fur ma vie, je veux en recueillir ce qui refte , & lui dérober du moins quelques traces du bonheur dont vous m'aviez enivrée. Je ferai après demain à Paris, je me fens le courage de vous voir.

LETTRE XXI.

Du Marquis à Mademoiselle de Lenclos.

A Paris, ce 25 Décembre 1650.

QUOI ! c'eſt vous qui êtes injuſte, c'eſt vous qui doutez de mon cœur ! Puiſqu'il faut ſe défendre, c'eſt par vous ſeule que je prétends m'excuſer. Qui poſſede Ninon, ignore l'inconſtance. Ah ! croyez qu'il exiſte ſur la terre des biens précieux dont on ne peut ſe détacher. Oui, Ninon, vous êtes comme ces beaux jours ſans nuages,.... peuvent-ils avoir d'autres rivaux qu'eux-mêmes ? Tant qu'ils exiſtent, toujours mêmes hommages ; s'éclipſent-ils, on adore leurs ſouvenirs. Sans doute je rends juſtice aux grâces, aux agrémens de Mademoiſelle d'Au.....; mais l'aimer..... vraiment, je ne vous conçois pas. Quelle idée ! ſur quel fondement ? Eſt-il en moi aucun caractere de la paſſion que vous me ſuppoſez ? Vous ne pouvez imaginer qu'une perſonne auſſi rare inſpire une fantaiſie :..... convenez que cette penſée ſeule ſeroit un crime..... Je ne ferois pas enchaîné pour ma vie, Ninon ne régneroit pas ſur moi ; que jamais je n'aurois penſé à plaire à Mademoiſelle d'Au..... On ne doit pas tenter des chofes impoffibles. *Méré* (*a*) n'eft pas de mon avis ; fous le titre d'ami, il lui rend les foins d'un Amant. Mais de bonne foi, eft-ce que cet homme peut lui plaire ? Un ennuyeux, un pédant qui veut foumettre la grâce à des principes ; qui veut enfeigner l'art d'être aimable..... Lui ! Et bien, par exemple, voilà de ces chofes auxquelles il eft impoffible de m'accoutumer. Concevez-vous qu'il n'ennuie pas Mademoifelle d'Au..... à périr ? En vérité, quelquefois on diroit qu'elle l'écoute avec plaifir..... Les femmes ont fouvent des goûts inexplicables ; mais il n'y faut pas penfer, cela donne trop d'humeur.

Adieu, vous que j'aime plus que jamais. J'irai chez vous de bonne heure, & j'efpere que Ninon rougira de m'avoir foupçonné.

(*a*) *Le Marquis de Méré ; c'étoit un de ces hommes moitié Philofophes, moitié Courtifans : il donna les premieres leçons du monde à Mademoifelle d'Au..... ; il la formoit à ce que l'on appelloit le BON AIR, & lui apprenoit l'art d'être aimable.*

LETTRE XXII.

De Mademoiselle de Lenclos au Marquis.

A Paris, le 3 Janvier 1651.

JE vous répéterai ce que je vous ai dit hier au soir, Marquis. Je ne fuis point contente de vous. Pourquoi cette diffimulation? pourquoi vouloir me tromper ? Votre infidélité n'a fait que m'affliger; mais votre peu de confiance me bleffe. Croyez que nous y perdrons tous deux. Vous *jettez* dans notre liaifon une contrainte qui véritablement en détruit tout le charme. Mais expliquez-moi donc votre entêtement. Quel eft votre but, en me niant ce que je fais ? Pourquoi prendre un rôle qui n'eft pas fait pour vous ? Allez, vous ne pouvez être faux fans une gaucherie dont je vous fais bon gré. Ne vous fâchez pas, fi je vous dis que votre colere contre *Méré* m'a divertie. En m'affurant que vous êtes à cent lieues de fonger à Mademoifelle d'Au..... vous me demandez ingénuement fi je crois qu'il puiffe lui plaire : ce mouvement *naturel* eft charmant. Si je voulois me venger , je vous dirois que c'eft un rival dangereux , vous le mériteriez; mais je ne fais pas mentir. Cet homme , en vérité , n'eft

pas à craindre ; ce n'eſt pas un Amant, c'eſt un Phi-
loſophe amoureux, un Amateur froid de la Beauté
qui lui plaît. Eh ! mon cher Marquis, je vais vous
dire notre ſecret. Nous permettons bien à ces ſortes de gens de groſſir la foule des hommages ; mais
qu'ils ſont loin de nos faveurs : il faut du feu pour
faire naître la flamme. Les plaiſirs ſont la récompenſe de ceux qui ſavent les apprécier, & la plus
honnête parmi nous veut bien qu'on la reſpecte,
mais non pas qu'on la déſire foiblement. Soyez
bien tranquille ; ce ne ſera pas *Méré* qui vous ren-
dra malheureux..... Vous le ſeriez, ſi la *Belle
Indienne* (*a*) en aimoit un autre que vous.....
convenez-en ; allons, plus de myſtere. Songez que
c'eſt votre ſecret, & non l'aveu d'un tort que je
vous demande. Renoncez à ce titre d'Amant, en
me donnant le nom d'amie. Sont-ce mes faveurs
que vous craignez de perdre ? Ah ! Marquis, je n'en
ai plus de nouvelles à vous offrir. L'art divin de
leur rendre leur premier charme n'eſt plus en mon
pouvoir. Il fut un temps où dans vos bras les
careſſes de la veille n'étoient pas reconnues le lendemain, où vous me grondiez de vous avoir caché
des jouiſſances que cependant l'Amour n'avoit fait

_____

(*a*) On appelloit ainſi Mademoiſelle d'Au..... quand
elle arriva d'Amérique, & ſur-tout à l'époque où commence cette correſpondance.

que répéter , pour les rendre nouvelles. Cet heureux temps n'eſt plus , le charme eſt évanoui.
L'Amour ne réforme pas les chaînes que le temps
a ſu détruire , & les fleurs dont il les avoit tiſſues
ne lui paroiſſent plus aſſez franches, pour en reſſer-
rer les nœuds. Adieu , Marquis ; croyez que mon
amitié eſt vive comme l'Amour.

LETTRE XXIII.

Du Marquis à Mademoiselle de Lenclos.

A Paris, ce 4 Janvier 1651.

QUEL afcendant, quel empire vous avez fur moi! il femble que ma penfée vous foit foumife. Vous me pénétrez avant moi-même, & dans l'inftant où vous me croyez infidele, l'aveu de ma foibleffe n'eft qu'un triomphe pour vous ; je dis plus, une nouvelle preuve de tendreffe que je vous donne. Oui, vous me connoiffez plus que moi. Je n'ofe décider fans vous ce que je fuis ; je m'ignore moi-même, & vous confulter fur l'état de mon ame, c'eft le feul moyen de favoir ce qui s'y paffe. Quoi ! vraiment vous me croyez occupé de Mademoifelle d'Au.....? en êtes vous bien fûre ? n'allez pas vous tromper vous-même. Vous m'aimez, Ninon.... On croit fouvent ce que l'on craint.... Je vais vous parler franchement ; vous n'êtes pas plus en état de me juger que moi-même. Nous voilà dans une incertitude dont rien ne peut nous faire fortir. Mais, pourquoi vous être plu à me faire un portrait fi féduifant de Mademoifelle d'Au....! Pourquoi me vanter avec tant de dé-

I. Partie.   E

licateſſe les attraits de ſa perſonne, & les grâces de ſon eſprit ? *Je n'y aurois peut-être pas penſé.* Il eſt coupable à vous de jetter des doutes dans mon cœur. Nous étions ſi heureux ! je pouvois poſſéder Ninon, & jouir ſans infidélité des grâces, des perfections de cette charmante Indienne. La douceur de la voir, le charme de l'entendre, ne peut-il être ſenti que par un Amant ? .... Mais, avec quelle chaleur j'en parle.... Ninon, je tremble que vous n'ayez raiſon. Ah ! ſi je ſuis inconſtant, mes regrets vous donnent l'avantage ſur votre rivale. Cette offenſe devient un hommage. Vous me croyez libre, & ma chaîne ne fait que s'étendre. Je m'égare ſans m'en douter. C'eſt une ame honnête qui reſte toujours pure, même dans la faute que le haſard lui a fait commettre. Si cette *charmante Indienne* m'occupe, c'eſt de vous qu'elle emprunte toute ſa ſéduction, & mon cœur eſt innocent de la faute qu'il avoue.

LETTRE XXIV.

De Mademoiselle de Lenclos au Marquis.

A Paris, ce 10 Janvier 1651.

POURQUOI, Marquis, avez vous craint de
venir me voir ? vous me l'aviez promis. Vous ne
redoutez affurément ni mes plaintes , ni mes
peines. Trop jufte pour me permettre les unes,
trop raifonnable pour ne pas vaincre , ou vous
cacher les autres , vous ne m'auriez trouvé
occupée que de votre bonheur , & je n'en aurois
parlé que pour le rendre parfait. Je ne prétends
qu'à votre confiance, & ne puis être malheureufe
qu'en la perdant. Souvent l'amitié eft encore
néceffaire à l'amour ; elle a des confolations qu'il
ne donne pas. Le bonheur fe prolonge en le con-
fiant, les peines s'adouciffent. Pourquoi ne venez
vous pas les épancher dans mon cœur ? vous le
trouverez toujours tendre & jufte. Mais , parlons
de votre pofition. Defcendons enfemble dans votre
cœur, puifque vous-même ne pouvez le connoître...
N'en doutez pas, Marquis, vous aimez, & d'autant
plus vivement , que vous cherchez à vous le
diffimuler. L'on s'avoue aifément une paffion

E ij

foible, que l'amour-propre peut traiter de goût, ou de fimple occupation, fi le fuccès ne la couronne pas ; mais celle qui nous maitrife même dans fa naiffance, dont l'empire fe preffe avant de s'être exercé, celle-là, Marquis, fe fortifie long-temps avant qu'on en convienne avec foi-même. Oui, Marquis, nous la combattons, nous éludons fa puiffance, en raifon de notre foibleffe ; le carac-tere lutte contre la fenfibilité ; il femble que l'in-certitúde du fort qu'on fe prépare porte à confer-ver l'*ombre du doute* qui nous flatte ; & ne pas s'avouer fa foibleffe, rappelle l'illufion d'un refte de liberté. Marquis, voilà votre état ; croyez-moi, ceffez de vous en défendre. Si j'étois affez peu fen-fible pour me douter de mon amour-propre en ce moment, j'aimerois mieux cent fois qu'une paffion violente vous entraînât loin de moi, qu'un goût léger qui feroit tort à tous deux. Oui, puifqu'il faut vous perdre, je chéris l'empire de ma rivale ; par lui, je vous deviens néceffaire. Vous êtes trop amoureux, pour n'avoir pas befoin de mes confeils ; votre égarement doit rappeler ma raifon ; ma force naîtra de votre foibleffe. J'ai déja fait votre bon-heur ; une feconde fois, il eft dans mes mains ; que cette idée m'eft chere ! quelle douceur elle répand dans mon ame !...... Venez, Marquis, ne tardez pas un moment ; adoucir vos peines eft un premier befoin de mon cœur. Efpérance, douce confolation, tout va naître pour vous par les foins de l'amitié. Par tendreffe pour Ninon, venez près d'elle vous occuper de votre bonheur..... Quand je vous attendois comme Amant, je ne vous ai jamais tant défiré. De grace, ne reftez pas ce foir à Verfailles ; fongez que le Roi a plus d'un Cour-tifan, & que vous êtes encore toute ma Cour.

LETTRE XXV.

De Mademoiselle de Lenclos au Marquis.

A Paris, ce 15 Janvier 1651.

EH bien! Marquis, mes rigueurs, mes refus vous ont donc bien furpris! lifez ma Lettre, & que votre efprit me juge. Je fens que vous êtes plus néceffaire que jamais à mon bonheur, & c'eft dans ce moment que, plus touchée de vos égards, plus fenfible à vos foins, je veux obtenir le facrifice de vos défirs; ma foibleffe vous plaît, moins qu'elle ne m'embarraffe. Ma réfiftançe me paroît une bêtife, & mon abandon un ridicule; d'ailleurs vous connoiffez mes idées fur l'amitié, je fuis convaincue que tout ce qui en altere la pureté la détruit : l'expérience des autres contribue encore à affermir mon opinion. La femme qui fe partage entre fon Amant & fon Ami, eft affez généralement méprifée de l'un & de l'autre. Nous connoiffons pourtant quelques honnêtes femmes qui ont adopté cet ufage. Elles méprifent fans doute beaucoup la claffe où le hafard m'a placée, & je méprife fouverainement leurs mœurs. Je ne vife point à la confidération, mais je ne veux plus céder à un homme dont le cœur n'eſt plus à moi. Si quelquefois l'ivreſſe de vos ſens vient s'emparer des miens, c'eſt un mouvement naturel à tous les êtres, & dont je me défends moins qu'une autre; mais je ne ſuis pas troublée par eux. Quand votre intérêt, votre bonheur occupe & mes jours & mes nuits, ce ſentiment actif, profond, me ſuffit, m'enchaîne, & remplit trop ma vie, pour ne pas me préſerver auprès de vous, & des déſirs & de l'Amour. Je ne puis comparer ce que j'éprouve qu'aux paiſibles ſentimens de la plus tendre amitié fraternelle. J'ai bien pénétré le fond de mon ame; tout ce qui s'y paſſe eſt relatif à vous. Je voudrois vous voir adoré de cette charmante Indienne; je voudrois qu'elle réunît pour vous tous les avantages de la nature & du haſard. L'Amour peut-il ſe placer au milieu de tous ces vœux? En eſt-il le guide? Je n'en ſais rien : ce que je ſais, c'eſt que je prendrai tous les titres que vous voudrez; mais celui que je préfere, c'eſt le titre qui ne me *livrera* que votre confiance, qui me donnera des rapports avec vous. Réprimez des déſirs qui tiennent plus à votre jeuneſſe, qu'à *mon peu d'attraits.* C'étoit ſans modeſtie que je vous diſois, l'autre jour, que je croirois vous dérober les plaiſirs dont vous paroiſſiez jouir auprès de moi, portez-les à l'objet plus digne de les fixer : je le ſuis d'apprendre & de hâter vos ſuccès.

E iv

Adieu, réfléchiffez, apportez-moi vos réfolu-
tions, n'en féparez pas votre délicateffe ; mais fongez que j'aime mieux une foibleffe de plus, qu'une
vifite de moins.

LETTRE XXVI.

Du Marquis à Mademoiſelle de Lenclos.

A Paris, ce 27 Janvier 1651.

L faut céder ; il faut vouloir tout ce que vous oulez. Ne ſoyez donc que mon amie ; mais don- ez-moi la force de ne pas me rappeler ſans ceſſe es droits que j'ai perdus. Répétez-moi que les ouceurs de l'amitié peuvent remplacer le charme e l'amour ; trompez-moi par pitié ,..... mon état ſt indéfiniſſable. Je déteſte cet attrait inſurmon- able qui m'entraîne loin de vous , & cependant e crains de ne pas trouver dans mon cœur une aſſion aſſez vive pour juſtifier mon infidélité. Ah ! inon, ſi ce n'étoit qu'un goût léger auquel j'euſſe acrifié le bonheur de ma vie ;..... l'égarement d'un œur enivré de tous les feux de l'amour peut ſeul xcuſer ma faute..... Cependant, n'eſt-ce pas un crime d'aimer vivement une autre que Ninon ? Que e ſentimens contraires je trouve dans mon cœur ! laignez , ménagez ma foibleſſe ; j'accepte vos onſeils. Enſeignez-moi l'art de ſéduire que vous oſſédez ſi bien ; on eſt heureux deux fois , quand on vous doit ſon bonheur. Je ne vous parle plus

de *Méré* , le portrait que vous en faites me tra
quillife ; mais Chevreufe me tourmente. Je l'avou
il eft aimable & poffede au dernier degré cet
de féduction calculée, que la coquetterie feule p
combattre avec avantage, mais, hélas ! trop à cra
dre pour une femme fans expérience. Hier au f
nous foupâmes chez Scarron ; votre abfence
laiffoit fans appui..... Jamais Mademoifelle d'Au
ne fut fi belle ; jamais Chevreufe ne fut plus gal
& plus occupé d'elle. Pour moi , qui ne fuis jam
rien fans vous , tourmenté & par amour &
amour-propre, je ne trouvai pas un mot à dire ; déf
de mon embarras, le décelant à force de voul
le cacher , je m'en punis en me retirant fous p
texte d'une légere indifpofition , & rentrai c
moi dévoré d'humeur & de jaloufie. Vous al'
me gronder ; je fais combien la gaucherie vo
déplaît. Pardon , mille fois pardon : j'irai ce f
chez vous prendre des leçons de féduction &
grâce ;..... mais répondez-moi un mot ce matin, j
befoin , pour vivre heureux , de vous occuper f
ceffe.

LETTRE·XXVII.

De Mademoifelle de Lenclos au Marquis.

A Paris, ce 1 Février 1651.

ARQUIS, je ne devrois dire que trois mots : *us êtes perdu ;* mais j'ai pitié de vous, & votre nheur m'eft cher. Vous me feriez croire que tous s fuccès paffés ne font dus qu'au hafard, & que us connoiffez bien peu le cœur des femmes. Puif- ie vous l'ignorez, Marquis, apprenez qu'elles cher- ent toujours, parmi leurs adorateurs, ceux dont les peuvent faire des victimes. En les accablant rigueurs, elles s'établiffent une réputation de rtu, que peu de temps après elles facrifient à lui qui, plus adroit, trouve le moyen de les duire fans devenir leur efclave. De ces deux les vous n'avez pas choifi le plus brillant, il faut convenir. Hier au foir, d'après ce que vous me tes, je vois que vous avez fait mal-adreffes fur al-adreffes. Mademoifelle d'Au..... a plus de fineffe e vous ne penfez : en deux mots, voilà fon por- it. Son cœur eft froid, elle ne fe doute pas de s fens ; n'étant point née pour être coquette, e en eft plus dangereufe pour vous. En vain

Méré lui donne des principes bien méthodiques de l'art de plaire, fa naïveté naturelle reparoît fouvent. Vous ne voyez qu'elle, & c'eft ce qui vous perd ; vous jugez que tout ce qu'elle craint eft de vous céder. En effet, qu'eft-ce qui pourroit l'y porter ? elle ne vous aime point, elle n'aime qu'elle ; *l'art ne fait point naître les fens*, c'eft un don de la nature. Vous ne pouvez donc la devo qu'à fa tête ; oui, Marquis, qu'à fa tête : écoute feulement. Par le mot *Sens*, on ne veut peindr que cet attrait invincible pour le plaifir, que le hommes cherchent toujours dans leurs Maitreffe Il en eft cependant un autre qui peut porter le mêm nom, celui-ci eft prefqu'indéfiniffable : il naît d défœuvrement, de la lecture des Romans, de l'exal tation actuelle ; c'eft un vuide, un befoin inexpli cable qui regne dans la tête de quelques femmes auquel elles font auffi foumifes qu'aux mouve mens involontaires de leurs fens. Ce défir chim rique les domine d'autant plus, qu'il n'a point d but réel ; un homme adroit le tourne toujours fon avantage ; avec art, il gagne la confiance d' cœur qu'il veut féduire ; connoiffant fa foibleffe il la plaint, il parle d'un bonheur qui lui eft incoun & qui fait le charme de la vie. Aifément il mont une tête qui s'exalte d'elle-même, elle croit voi fa chimere fe réalifer ; bientôt celui qui la li fait entrevoir lui devient néceffaire. S'il a le fen

commun , alors il s'éloigne ; il augmente par-là le
éfir , le befoin qu'on a de le voir. Si ce défir ne
devient pas une paffion , il eft fi vif qu'il porte
fouvent aux mêmes facrifices. Voilà , Marquis, la
conduite que vous devez avoir avec Mademoifelle
d'Au....; fi vous ne réuffiffez pas , au moins n'aurez-vous rien à vous reprocher. Tâchez auffi de
faifir un moment favorable ; fouvent l'occafion fait
tout. Je vais écrire à Mademoifelle d'Au..... , je vois
bien qu'il faut que je répare la gaucherie d'hier au
foir ; mais que cela vous ferve de leçon , & quand
votre rival fera dangereux par fon amabilité , loin
de céder la place , difputez d'agrémens avec lui :
rien de pis que de s'avouer vaincu aux yeux de
ce qu'on aime.

Votre Lettre m'a touchée plus que je ne puis
vous dire ; elle eft à la fois fenfible & naturelle ,
& m'a peint votre cœur. Oui , Marquis, n'en doutez pas , les douceurs de l'amitié peuvent remplacer le charme de l'amour. Puifque vous êtes raifonnable & franc, je vous réponds de votre bonheur ; y travailler , c'eft m'occuper du mien.

LETTRE XXVIII.

Du Marquis à Mademoiselle de Lenclos.

A Paris, ce 24 Février 1651.

Expliquez-moi donc, ma chere Ninon, les assiduités de Matha ? Quoi ! n'est-il plus possible d'arriver chez vous, sans le trouver ? véritablement, je n'y conçois rien ; à peine le connoissiez vous il y a quelque temps ; n'est-ce pas un peu d'inconséquence de votre part ? d'autant plus qu je crois être sûr que vous m'avez dit du mal de cet étourdi qui a de l'esprit, mais beaucoup d'inconvéniens ; tout cela vous est égal, pourvu qu'un homme soit de bonne compagnie, voilà tout ce qu'il vous faut, & l'esprit vous rend toujours d'une indulgence inconcevable.

Cette extrême facilité peut être un charme de plus dans votre caractere, mais elle a bien son danger, je ne conçois pas que vous n'en ayez pas été encore la victime ; vraiment, je vous le répete, Matha n'est pas digne d'être lié avec vous : ni principes, ni sûreté, ni franchise, des agrémens, si vous voulez ? mais médisant, capable de nuire ; ... parce que vous n'avez jamais pu concevoir une

'chanceté, il ne s'enfuit pas de là qu'il n'exifte
s gens très-dangereux : je vous en prie , ne jugez
ais des autres, ni par votre cœur, ni par votre
rit ; comment ne vous tromperiez vous pas
jours.

Je me fuis pénétré de votre Lettre , je ferois
fque tenté de croire , en la lifant , que vous
avez dévoilé tous les fecrets de votre fexe ;
parlez-moi franchement , eft - ce que vous
yez que Mademoifelle d'Aubigné , fi jeune ,
remplie de candeur , foit déja dans la claffe
femmes que vous voulez me peindre ? Non,
chere Ninon, il faut la diftinguer , cette ame
e & naïve n'a pas encore été corrompue par
hommages , par les exemples pernicieux qui
quent trop fes yeux pour qu'elle en foit
uite, c'eft que vous ne la connoiffez pas, non,
is l'avez jugée trop légérement , elle eft in-
able d'art , & l'art ne réuffiroit pas auprès
lle ; quant à ma gaucherie , vous avez
iérement raifon, & je me corrigerai ;... encore
mot, je vous en prie, répondez moi bien vîte
fujet de Matha, que je fache ce que c'eft que
te liaifon ; j'en fuis d'une impatience extrême,
e puis vous exprimer le prix que je mets à votre
fiance fur ce point.

LETTRE XXIX.

De Mademoiselle de Lenclos au Marquis.

DOUCEMENT, mon cher Marquis, il faut de
la juſtice ; on ne nous domine que par les ſoins,
on ne regne ſur nous, que par le charme de
l'amour ; je vous aime, il vous reſte encore quelque
amitié pour moi ; mais de bonne foi, pouvons-
nous nous ſuffire l'un à l'autre ? vous m'avez bien
prouvé que ma tendreſſe ſeule ne pouvoit pas
faire votre bonheur. Quant à moi j'ignore ſi mon
ame eſt auſſi ſuſceptible que la votre d'être emportée par la violence d'un nouveau ſentiment;
(j'en doute même) ; mais d'après la douce philoſophie, dont je me ſuis fait une loi, je ne dois
pas, je crois, paſſer mes jours dans les regrets!
les plaiſirs ont eu tant de charmes à mes yeux!
puis-je y renoncer ! j'ai fait l'impoſſible pour vous,
en ne goûtant que ceux de la conſtance : tant qu'ils
nous ont réunis, c'étoit, je puis le dire, le triomph
de l'Amour, je m'en étonnois moi-même, & ſi
chaque jour me trouvoit fidele, l'ivreſſe ſeule de
nos nuits pouvoit à peine me l'expliquer. Je vou

ai

ai perdu , je vais me rendre à mes penchans , à mes goûts ; vous aviez changé mon être ; je redeviens légere. J'ignore encore quel eſt celui qui doit me plaire ; peut-être eſt-ce Matha , peut-être en eſt-il plus loin lui-même qu'un autre que je ne connois pas encore , & qu'un moment d'ivreſſe placera dans mes bras. Quoi qu'il en ſoit, je ne veux de l'amour que ſon délire , & dans la crainte d'aimer encore , ſans vouloir m'attacher , mon amour-propre ſe contentera de plaire.

Mais parlons de ma rivale ; car, en vérité, je me crois folle de répondre à cette queſtion ſur Matha ; elle n'a pas le ſens commun. Je ne ſais ce qui vous a paſſé par la tête ;... vous croyez donc Mademoiſelle d'Au..... incapable d'art ! à la bonne heure , apparemment je me ſuis trompée ; j'avois cru remarquer en elle cet inſtinct pour l'adreſſe , que notre ſexe poſſede ſouvent au dernier degré , & que le peu d'uſage du monde empêche quelquefois de montrer dans tout ſon jour. Voyez comme l'on juge différemment ! j'avois même app   dans cette perſonne *ſi pure* , un penchant à la coquetterie , qui tient peut-être plus du déſir de dominer que du beſoin de plaire , mais qui cependant eſt réel ; il ſe décele à chaque inſtant. Que je me trompe , ou non , mon cher Marquis , dans tous les cas , je vous conſeille d'employer , pour ſéduire , d'autres moyens que la vivacité de votre ſentiment , &

I. Partie.   F

fans offenfer celle que vous aimez , je crois que l'être deftiné à lui plaire , fera peut-être tendre , mais fûrement fort adroit. Adieu, l'ami, dont tout Amant devroit être jaloux.

LETTRE XXX.

Du Marquis à Mademoiselle de Lenclos.

A Paris, ce 26 Février 1651.

QUEL langage ! ah, qu'il eſt loin de vous reſ-
ſembler ! Comment ſe peut-il qu'un changement
auſſi ſubit ſe faſſe dans votre ame ? parlez-vous
vrai ? voulez-vous me tromper ?..... ne vous
trompez-vous pas vous-même ?...... Ecoutez-moi,
mon amie ; je conçois qu'avant d'avoir goûté les
douceurs de cet amour pur , fidele , enfin de ce
ſentiment divin , qui peut ſeul porter ce nom ,
vous vous ſoyiez laiſſé emporter à toute l'effer-
veſcence de votre âge & de votre tête ; ſans
guide , ſans conſeils , enivrée d'hommages &
d'encens , le plaiſir étoit votre idole , & votre déſir
conſtant de plaire n'avoit point d'autre but : je dis
plus ; votre grâce enchantereſſe , ce charme ſi rare
que vous poſſédez , donnoit à votre légéreté un
attrait , un pouvoir indicible qui vous excuſoit
ſans ceſſe , & juſqu'à votre abandon , juſqu'à ce
ſyſtême de volupté éternelle dont vous faiſiez
votre gloire , devenoit une ſource de ſéduction
pour tous ceux qui vous appercevoient ; en un
mot , jamais l'ivreſſe , le délire de l'amour ne ſiéra

F ij

à une autre auſſ-bien qu'à vous : communément il dépare, il déprécie votre ſexe. Mais de quoi ne tireriez-vous pas un moyen de nous ſéduire ? Docile aux derniers avis d'un pere trop facile & trop Epicurien, pendant vos premieres années vous ne fûtes ſcrupuleuſe que ſur le choix, & non ſur le nombre de vos plaiſirs ; mais le Ciel m'avoit deſtiné à vous plaire ; mon ſort fut même de vous rendre fidelle. D'autres peut-être avoient eu des droits ſur Ninon ; Villarceaux ſeul en avoit obtenu ſur ſon cœur. Combien de fois, ma divine amie, ne m'aviez-vous pas remercié avec enthou-ſiaſme, de vous avoir fait connoître cette volupté de l'ame que deux Amans ſenſibles peuvent ſeuls goûter ! Combien de fois, dans mes bras, dans l'inſtant de la plus douce ivreſſe, vos levres brû-lantes ont-elles quitté les miennes pour prononcer des mots tendres, expreſſifs, qui tenoient plus du charme de l'amour que de ſon délire !..... Vous l'avez connu ce bonheur inexprimable qui naît de l'union ſeule des ames ; ſeroit-il ſorti de votre mémoire ? un auſſi doux ſouvenir peut-il s'effacer ? Non, ma Ninon ; qui fut capable d'aimer, ne peut renon-cer à l'amour ; c'eſt en vain que vous eſpérez trou-ver dans la volupté ce charme qui nous attache à la vie. Un vuide affreux ſera la ſuite d'un auſſi faux ſyſtême ; un cœur, une ame honnête ne s'émouſſent, ni ne ſe blaſent jamais.

LETTRE XXXI.

De Mademoiselle de Lenclos au Marquis.

A Paris, ce 27 Février 1651.

VOTRE Lettre eſt faite pour produire une grande impreſſion, mon cher Marquis. Vous voulez m'arrêter au bord du précipice : je ſens la force des choſes que vous me dites.

Vous êtes inſupportable, vous dérangez tous mes projets ; je n'aime pas la raiſon depuis quelque temps, & voilà qu'elle a de l'attrait dans votre bouche ; comment vais-je donc faire ? Jamais les plaiſirs n'auront un ennemi plus redoutable que vous. Armez-vous, attaquez-les, prêchez la morale qui leur eſt contraire, mais du reſpect pour eux, je vous prie, ne les calomniez pas, & faites la guerre noblement. Il eſt donc décidé qu'il faut m'attacher ſolidement, & renoncer à ce plan charmant que j'avois fait. Vous me promettez par-là, dites-vous, du bonheur pour toujours ; ce ſera ma récompenſe. Allons donc, il n'y a pas à balancer ; devenons une femme ſenſible & vertueuſe ; ſi je ſuis moins aimable, ſi même on finit par me trouver ennuyeuſe, ce ſera votre faute, je vous en avertis..... Je vous

F iij

quitte un inftant, parce que Matha entre avec le Comte de Grammont..... Voyez que je fuis étourdie ; je m'amufe à differter fur vos principes, & j'oublie de fermer ma porte à ce Matha fi dangereux. Ah ! qu'importe ! il fera bien plus beau, bien plus courageux de lui dire moi-même que je ne veux plus le voir : prenez part d'avance à mon triomphe.....

Bon, ne voilà-t-il pas que tout eft dérangé? quelle inconféquence !..... comme vous allez être en colere !..... tant qu'il vous plaira ; mais je trouve à préfent que votre Lettre n'avoit pas le fens commun. Venez difputer fur tout cela avec le Comte de Grammont, avec Matha ; vous verrez comme ils font aimables, éloquens..... Je leur ai montré votre Lettre, ils en ont ri pendant deux heures, & moi-même aufſi. Pardon ; je vous l'avoue ,..... ah ! j'avois grande envie qu'ils vinffent à mon fecours. Mais qu'une femme eft foible !..... Au refte, cela prouve cependant combien vous avez encore d'empire fur moi ; réfléchiffez bien à votre pouvoir ; au fait j'ai été quelque temps indécife. Que dis-je ! un moment même, votre avis l'a emporté. Eh ! quel avis encore ? Une folie, de l'exaltation, un projet ridicule qui ne cadre en rien avec mes principes, ni même avec les vôtres..... Comme l'amour-propre nous égare, Marquis ! une autre vous attire, vous attache ; mais vous voulez encore que je dépende de vous, vous voulez diriger ma conduite. Venez me dire à préſent que notre ſexe aime ſeul à dominer ; votre amour-propre vaut le nôtre , convenez-en : il faut bien que ce ſoit à la vanité que j'attribue votre Lettre. Quel autre ſentiment auroit pu vous la dicter , ſi ce n'eſt un reſte de jalouſie ?..... S'il n'y avoit pas trop de pré-ſomption à le croire, je me le perſuaderois pour me divertir. Vous jaloux de moi , en ne m'aimant plus !..... concevez-vous rien de ſi gai ? mon Dieu ! que je le voudrois !

LETTRE XXXII.

Du Marquis à Mademoiselle de Lenclos.

EH bien ! quand je ferois jaloux , tourmenté ,.....
peut-être même malheureux ,..... vous trouveriez
donc cela bien amufant?..... Par exemple , vous
avouerez qu'il n'y a qu'une femme qui puiffe convenir d'un pareil tort ;..... au refte , dois-je m'en éton-
ner ? Il faut bien que vous ayez quelques défauts
de votre fexe , & je ne vous connois que celui-là ;.....
mais il eft chez vous à un degré tel..... n'en parlons plus , car cela me donne de l'humeur. Comme
vous dites , je ne fuis plus que votre ami ; j'ai perdu
mes droits , je le fais ;..... c'eft que vous ne voulez pas croire , femme déraifonnable que vous êtes ,
que l'on conferve un intérêt fecret , un fentiment
inexprimable pour la perfonne que l'on a tant
aimée ;..... vous ne concevez pas cela , vous ? Il vous
paroît extraordinaire , n'eft-il pas vrai , que votre
bonheur me foit cher ; que je craigne pour vous
un lien , qui n'en fera pas un :..... car , vous avez
beau dire , ce Matha fi éloquent vous amufera , vous
plaira peut-être , mais vous ne l'aimerez point ;.....

on, j'en fuis sûr,..... vous ne l'aimerez point.....;
ue dis-je ? il eft même trop heureux que vous
e vous attachiez pas à un homme auffi peu digne
e vous ,..... un.abandon certain feroit le prix de
otre tendreffe ; oui, ma Ninon : car tous ces char-
es, toutes ces qualités qui brillent en vous font-
lles fenties, peuvent-elles être appréciées par une
me infenfible , corrompue ? Jamais ;..... un amant
el que Matha les poffèderoit fans les connoître :.....
'eft même une idée confolante pour moi, lorf-
ue je fonge que peut-être un inftant de foibleffe
ous mettra dans fes bras. Ah ! Ninon, quelle cruelle
éflexion ! Oui , je.l'avoue, je fuis inquiet , tour-
enté ; en vain vous aurez la barbarie de vous
ire un jeu cruel de ma douleur ; en vain on
'accufera d'injuftice ; je fuis à plaindre, vraiment
plaindre , jaloux même ; c'eft vous perdre une
conde fois, que de craindre qu'un autre ne vous
offede. En effet, fuis-je donc fi déraifonnable ?
'eft-ce pas vous qui avez voulu me prouver mal-
é moi, que mon cœur cherchoit à rompre fa
aîne ? N'eft-ce pas vous qui la premiere avez
out employé pour m'enlever le feul bien qui m'at-
choit à la vie ?..... Ne peut-on adorer fa Mai-
effe, & paroître fenfible aux charmes d'une per-
nne auffi rare que Mademoifelle d'Au..... ? En un
ot, voulois-je vous trahir ? Ai-je eu un inftant l'idée
e me féparer de vous ? Non , c'étoit vous ; vous

qui cherchiez un prétexte pour rompre...... avec
moi ;..... & comment ne pas le croire, lorfqu'auffi
fubitement vous fongez à former d'autres nœuds ?.....
Que je fuis trifte ! malheureux ! Non, ma Ninon,
Matha ne fera point couronné ; j'aime à me le perfuader : non , non ; tant de bonheur n'eft pas fait
pour lui.

BILLET

Du Marquis à Mademoiselle de Lenclos.

A Paris, ce premier Mars 1651.

POINT encore de réponfe !..... il y a un fiecle
que ma Lettre eft partie..... Ma Lettre !..... elle eft
ut-être fur votre toilette ; que fais-je, dans un
coin..... C'eft qu'il y a des inftans où vous êtes
d'une légéreté !..... & remarquez qu'en dépit de vos
principes, c'eft en amitié, cette fois-ci, que vous
êtes légere..... De l'amitié !..... vous !..... Non ; vous
n'avez pas même ce fentiment-là pour moi.

LETTRE XXXIII.

Mademoiselle de Lenclos au Marquis.

A Paris, ce premier Mars 1651.

Matha ne fera pas heureux.

MON cher Marquis, vous me faites trembler avec vos fermens. A peine peut-on répondre de foi. Jugez s'il eſt prudent de répondre ainſi des autres ; d'ailleurs vous devez ſentir combien il feroit coupable de ne pas enhardir ma confiance. Comment ferois-je à préfent pour avouer un tort dont vous me croyez ſi loin? je n'oſerois jamais; il faudroit donc être fauſſe, vous tromper ; ce qui ne m'eſt arrivé avec perſonne ; ne vous y attendez pas , je vous en avertis ; le ciel m'a donné en franchiſe tout ce qui me manque en vertu ; croyez-moi donc plus foible , plus facile à féduire, à décider ; cela vaudra beaucoup mieux pour nous deux. En un mot, ſi c'eſt être coupable que d'avoir un nouvel Amant, je le ſuis autant que l'on peut l'être. Ecoutez-moi, & jugez vous-même ſi j'ai pu réfiſter..... C'étoit hier au foir, je ne ſais par

uelle fatalité, ou bien par quel bonheur, je me
ouvai feule quand Matha arriva chez moi ; autant
ue je puis le rappeller, vous m'aviez promis de
enir à cette heure , & même de remettre un
oyage à Verfailles , un voyage indifpenfable. Les
evoirs d'un Courtifan font facrés.... (mais Matha
e fonge à la Cour, que lorfqu'il n'a rien de mieux
faire) ; enfin , je vous le répete , tout paroiffoit
oncourir à ce que je fuffe feule quand il entra.....
l femble que les hommes ayent toujours un pref-
entiment de leur victoire , qui non-feulement
eur donne plus de confiance , mais qui même leur
rête un charme , qu'ils n'ont pas ordinairement :
amais Matha ne me parut plus brillant , plus
empli d'agrémens, que dans le moment où l'on
e l'annonça. Il étoit mis à peindre , il avoit
e grâce extrême, je ne pouvois me laffer de le
regarder ; il a trop d'expérience pour n'avoir pas
remarqué l'impreffion qu'il faifoit fur moi : l'efpoir
fe mêlant à fa gaieté naturelle , il devint d'une
folie la plus aimable, la plus piquante; bientôt il
excita la mienne , & la converfation fut d'une
extrême vivacité. Dans ce moment mes yeux fe
porterent fur une glace qui étoit vis-à-vis de
moi.... Trop heureux effets de l'amour ! mon
cher Marquis, jamais, j'en fuis fûre, vous ne
m'avez vue fi belle; je crois que, dans cet inftant,

j'aurois pu même entrer en rivalité avec Mademoiſelle d'Au.....; ſi mon miroir ne me l'avoit
pas dit, Matha me l'auroit prouvé par ſes diſcours
paſſionnés, & par l'ivreſſe qui ſe peignoit dans ſes
yeux; je vous laiſſe à penſer, s'il devint preſſant.....
Je l'avouerai, dès ce moment, je ne retardois ſon
bonheur que par une recherche voluptueuſe, &
non par une froide réſiſtance; ſon art profond l'en
avertit : tout-à-coup avec une malignité, dont lui
ſeul eſt capable, il feignit de calmer ſes tranſports
& de prendre ma défenſe, calculée pour un refus.
Une apparente triſteſſe ſuccéda à ſa vivacité; il
quitta mes genoux, s'aſſit à deux pas de moi, &
oſa regarder à ſa montre d'un air indifférent : a-t-on
jamais pouſſé plus loin l'adreſſe & la feinte ?
il faut être femme, ou pour mieux dire, il faut
être Ninon, pour ſe peindre tout ce que j'éprouvai
dans ce moment. Mon cœur, mes ſens, mon
amour-propre, tout fut à la fois dans les intérêts
de Matha, pour ſervir ſa vengeance. Comment
cacher ce qui ſe paſſoit en moi ? Je n'ai point
l'habitude de feindre, & moins encore, dans de
pareils momens ; jugez combien Matha devoit
jouir de ſa cruelle ruſe ? mes yeux, mon ſilence,
mon embarras, tout me trahiſſoit. En une minute,
vingt projets me paſſerent dans la tête, mais je
l'avoue, tous avoient le même but. Plus mon
trouble augmentoit, plus il affectoit de calme &

d'indifférence : ah ! combien j'aurois défiré d'y
répondre par toute la froideur qu'il méritoit !
combien je déteftois en moi-même l'afcendant invincible qu'il prenoit fur moi ! En ce moment,
rappellant tout mon courage, j'eus la force de me
lever, & de faire quelques pas ; je voulois fuir un
inftant auffi dangereux pour ma gloire.... Mais à
quel point l'amour fe rit de nos projets ! je veux
ortir,.... mes pas fe portent malgré moi vers ce
oudoir fi fouvent témoin de nos plaifirs. Vous le
avez , jamais cet afyle plein de charmes ne fut
rofané, ni par de froides converfations, ni même
par les plaintes de l'amour mécontent : jamais
il ne fut témoin que de fon ivreffe, de fon délire ;
'Amant feul que j'adore en a l'entrée, m'y trouver
ans lui, me paroîtroit un crime. Pouvois-je donc
m'en approcher fans émotion ? Songez à ce qui fe
paffoit dans mon ame ; fongez qu'un inftinct fecret
dirigeant mes pas , tout-à-coup je me trouve dans
ce lieu de délices : ma vue fe trouble, mes genoux
fléchiffent ; Matha qui me fuivoit, (peut-être
encore malgré lui), s'approche pour me foutenir,
la douce preffion de fes bras acheve mon délire,
il fent le battement de mon cœur qui le pénetre,
qui l'enivre lui-même ; plus de feinte , plus de cal-
uls , plus d'inutiles défenfes, un charme fecret nous
unit, la force nous abandonne, & nous tombons
aux pieds de la ftatue de l'Amour.....

Adieu, mon cher Marquis ; venez me voir , fur-
tout plus de leçons ; jugez , d'après ma Lettre &
ma franchife , fi je fuis d'humeur à être grondée.
Aimez-moi ; mais refpectez mon fyftême & mes
plaifirs.

LETTRE XXXIV.

Du Marquis à Mademoiselle de Lenclos.

A Paris, ce 4 Mars 1651.

Aimez-moi ; mais respectez mon système.

QUE vous importe qu'on vous blâme, quand il est impossible de se détacher de vous? Mais dites-moi donc par quel raffinement de cruauté vous vous êtes plu à me désespérer, en m'écrivant cette Lettre cruelle ? Pourquoi cette peinture qui me tue ? Pourquoi ne pas me laisser dans un doute qui me rendoit heureux ? Croyez-vous que depuis long-temps je n'eusse pas prévu ?..... Que dis-je !..... non, non, je ne le prévoyois pas ; car c'est à peine si je peux encore le croire : n'y pensons plus. Que m'importe après tout !..... mon intérêt vous fait si peu ! ce n'étoit dans le fond que votre choix que je blâmois, je vous jure que ce n'étoit absolument que cela :..... mais, c'est qu'il est inconcevable, inouï, que l'on trouve Matha si séduisant..... Enfin, je le répete, il n'y faut plus penser ; au reste, Mademoiselle d'Au..... seule m'occupe en ce moment.

I. Partie.   G

Si je ne vous en parlois pas , c'étoit de peur de vous importuner : hier au foir elle étoit raviffante.....
Vous trouverez fimple que je ne fois pas trop empreffé d'aller chez-vous ; M. Matha, que j'y rencontrerois , me déplaît à l'excès avec tous fes agrémens , je vous en avertis ; mais cela ne vous fera rien de ne pas me voir ; il vous tient lieu de tout. Adieu, Ninon.

BILLET.

De Mademoiselle de Lenclos au Marquis.

A Paris, ce 4 Mars 1651.

Vous êtes un fou, un extravagant ;..... je veux moi, que vous veniez me voir fur le champ. Je fuis légere en amour ; mais quand il s'agit de l'amitié, je n'entends plus la plaifanterie. Venez donc, je le veux, je l'exige :..... puifqu'à la fin vous y confentez, je ne vous quitte que pour écrire à Mademoifelle d'Au ;..... voilà à préfent la principale affaire dont nous devons nous occuper. Je vous ai promis mes confeils, &, qui plus eft, le fuccès ;..... fongez que je ne trompe jamais..... Plus d'humeur ; venez vîte dans cette rue des Tournelles, qui vous fut fi chere.

LETTRE XXXV.

Mademoiselle de Lenclos à Mademoiselle d'Au.....

A Paris, le 8 Mars 1651.

Qu'êtes-vous donc devenue depuis deux jours ? Vraiment je suis jalouse de Mademoiselle (*a*) de S. Hermant ; vous ne la quittez plus, & pour comble d'injustice, toutes vos soirées sont consacrées à *Sca....* Vous n'y gagnerez rien ; si c'est un parti pris de me fuir, je vous poursuivrai par-tout comme une Maitresse infidelle. Je n'ai pas oublié notre dernier entretien, *la confiance qui nous unit* (*b*),

---

(*a*) Mademoiselle de S. Hermant, personne très-aimable, avec qui Mademoiselle d'Au..... lia une amitié intime, & qui fut en partie la cause de son mariage avec *Sca....*, pour avoir montré à ce vieux Poëte une Lettre de Mademoiselle d'Au..... qui disoit du bien de lui, avec ce style enchanteur qui depuis, dit-on, a fait sa fortune.

(*b*) La liaison de Ninon & de Mademoiselle d'Au..... est très-connue ;..... elle n'étoit pas la seule qui vît habituellement Ninon..... L'on disoit de cette charmante fille, qu'elle étoit la seule Courtisane que les femmes aient vue sans honte & les hommes sans remords.

la promeſſe de penſer tout haut enſemble. A propos ; ſavez-vous que le ſouper d'hier a fait beaucoup de bruit ? On dit que *Chevreuſe* a été d'une
amabilité ſurnaturelle , que vous ſeule en étiez
l'objet ; on alloit juſqu'à vous accuſer de coquetterie..... Vous coquette !..... & pour qui ? Pour
l'homme le plus fat de la Cour. Mon Dieu que
cette idée me divertit ! Vraiment on en a beaucoup
parlé : vous allez mourir de peur. Conſolez-vous
cependant , tous ces bruits-là tomberont , & ce
n'eſt pas votre faute , ſi vous tournez toutes les
têtes..... Mais parlons ſérieuſement ; je vous l'ai dit
cent fois , ce genre mixte que vous avez pris dans
le monde a toutes ſortes d'inconvéniens ; il faut
s'occuper du *Créateur ou de la créature* , ou coquette
ou dévote ; il faut choiſir ce que l'on veut être ,
ou s'expoſer aux torts des deux genres , ſans en
avoir les avantages. Cet arrêt doit vous paroître
plus juſte que ſévere ; ſongez que nous n'aimons
les autres que pour nous , & ſur-tout en raiſon
des jouiſſances qu'ils nous donnent. Que reſte-t-il
de la coquetterie , ſi vous en ôtez les grâces &
les agrémens ? encore ce mélange de pédanterie &
de légéreté les éclipſe-t-il ſans ceſſe. L'homme du
monde ne voit plus en elle qu'un défaut qui le
choque , en lui rappellant inutilement un caractere
qui lui plaît , & dont il ne retrouve plus le charme ;
les dévots , de leur côté , raiſonnent comme les gens

du monde ; ainſi, chacun dans ſa ſphere, ſans appercevoir l'analogie que vous pouvez avoir avec lui,
ne voyant que le défaut contraire à ſes principes, penſe & dit du mal de vous. Eh bien ! à quoi
nous déciderons-nous ? le choix eſt embarraſſant.
N'êtes-vous pas trop froide pour l'amour ? N'êtes-
vous pas trop belle pour le Ciel ? Venez donc me
voir, nous en cauſerons enſemble ; je puis vous
donner de bons conſeils, & même ſans partialité
pour l'amour. Vous allez croire que je me vante ;
mais c'eſt la vérité pure. Si mon ſyſtême fait mon
bonheur, mon expérience peut en ſentir toutes les
nuances, & les modifier en raiſon de vos principes & de votre délicateſſe. Dites-moi ce qui eſt
arrivé à Villarceaux : voilà trois jours que je n'ai
entendu parler de lui ; on dit qu'il eſt d'une triſteſſe affreuſe, & qu'il ne veut voir perſonne. Lui
triſte ! lui ſauvage ! y concevez-vous rien ? Ah ! pauvre Marquis ! il faut que quelque choſe l'occupe
fortement. Adieu ; je vous quitte pour lui écrire.

LETTRE XXXVI.

De Mademoiselle d'Au.....à Mademoiselle de Lenclos.

A Paris, ce 11 Mars 1651.

Non, ma chere Ninon, je ne vous fuis pas ; l'on fuit rarement ce qui nous attire. Les agrémens de votre esprit m'attachent-ils plus que le charme de votre caractere ? Voilà la seule incertitude de mon sentiment pour vous.

Plus que jamais votre amitié m'est chere ; j'ai besoin de vos conseils, de ces conseils si précieux qui, sans avoir l'austérité que donne l'expérience, ont toute la solidité d'une raison spirituelle, & l'empreinte de la grâce que vous prodiguez malgré vous. Votre Lettre m'effraie. Ai-je donc pu oublier le soin de ma gloire ? Ah ! combien n'ai-je pas à rougir, si ce désir de plaire, écueil de mon sexe, a pu m'abaisser jusqu'à la coquetterie ! Je l'ai dit cent fois à M. de Meuillant ; dans le pays où vous m'avez conduite, il n'est point de vertu, de calcul, de prudence qui puisse préserver une femme des dangers qu'elle rencontre à chaque pas. Victime du hasard, c'est de lui seul qu'elle peut attendre son sort, & le seul avantage de la plus vertueuse est de

G iv

le balancer plus long-temps. Peut-on penfer, fans
frémir, à tous les périls qui nous entourent? tout
n'eft que piége, artifice & féduction. Que de moyens
pour égarer notre amour-propre, de charmer notre
efprit, de fixer nos défirs! Avec quelle fubtile &
profonde fagacité ces tyrans féducteurs étudient
les foibleffes fecrettes & involontaires de nos ames
pour en faire la bafe de leurs projets les plus cou-
pables! Comme ils épient leurs progrès fur notre
cœur! Comme ils favent à propos ralentir, fuf-
pendre ou preffer l'effet de leurs foins, pour parvenir plus furement à triompher de nous! Comme
ils attendent le fruit de leurs peines! Avec quel art
ils le preffent d'éclore! Notre fenfibilité nous
perd, notre coquetterie nous égare; ainfi nos
défauts comme nos qualités fe réuniffent contre
nous, & nous avons à combattre à la fois l'exemple, cet ennemi de notre repos & de notre vertu;
ces tableaux continuels d'amour & de volupté,
cette image apparente d'un bonheur pur, que la
femme la plus fage ne peut voir fans émotion, que
la pudeur même contemple fans rougir, & que
l'homme adroit, qui veut nous perdre, nous-pré-
fente, *avec une éloquence douce*, fous la forme la
plus féduifante. Comment fuir, comment éviter
ces piéges couverts de fleurs, où la nature & l'art
nous conduifent fans ceffe?..... Parlerai-je du danger de nos liaifons avec ces malheureufes victimes

de l'amour, qui, devenues complices de leurs
tyrans, croient excufer leurs foibleffes en nous
les faifant partager ? Ah! ma chere Ninon, d'après
ce tableau fidele, puis-je balancer un moment? Le
Ciel m'infpire & m'appelle ; ce n'eft qu'en me
livrant à lui que je puis conferver ma gloire &
mon bonheur ; triompher à la fois de ma foibleffe
& de mon amour-propre ; oublier ma jeuneffe &
mon fexe ; avoir pour occupation un culte faint,
pour efpoir la *vie éternelle ;* voilà le but de ma
conduite & de mes défirs, ne m'en détournez pas.
Croyez qu'il n'eft point de privations volontaires,
qui ne finiffent par devenir des jouiffances.

Je n'ai point remarqué la trifteffe de Villarceaux ;
il eft forti de bonne heure de chez Sca....., parce
qu'il étoit malade : voilà tout ce que j'en fais.

Je compte fouper chez vous ce foir ; aurez-vous
beaucoup de monde ?

LETTRE XXXVII.

De Mademoiselle de Lenclos à Mademoiselle d'Au.....

A Paris., ce 6 Mars 1651.

AH ! mon amie, pourquoi vouloir me cacher que Villarceaux est occupé de vous ? Est-ce dissimulation ? est-ce crainte de me faire de la peine ? L'une blesseroit ma sensibilité, l'autre mon amour-propre. J'ai droit de me plaindre, si vous avez manqué de confiance en moi, & peut-être la philosophie de Ninon vous est-elle assez connue pour penser que la perte d'un Amant est un malheur qu'elle peut supporter..... Toute la légéreté que vous me connoissez en amour, ne s'étend pas à mes autres sentimens ; elle me paroîtroit criminelle, quand il s'agit de l'amitié. J'ai toujours trouvé la même différence entre ces deux affections de l'ame qu'entre nos qualités & nos attraits ; l'un attire promptement & s'évapore de même ; l'autre attache plus lentement, mais nous fixe à jamais. On ne peut m'accuser de n'avoir pas apprécié les grâces, les agrémens, & tous ces dons enchanteurs dont la nature a su parer notre sexe, pour servir de jouissances & de tourmens à notre amour-propre. Perfonne, plus que moi, n'en connoît l'avantage ; mais je leur dois moins mon bonheur, le charme de ma vie, qu'au peu de qualités eſſentielles que peut-être je poſſede ; à ces qualités attachantes , dont l'empire eſt tel que les gens, même les plus frivoles , venoient leur rendre hommage ſans s'en douter , croyant n'encenſer que mes attraits..... Jugez ſi je ne ſouffre pas d'être obligée de forcer votre confiance. Vous n'avez pas voulu m'entendre , quand je vous ai dit un mot du chagrin de Villarceaux ;..... il faut donc vous parler de lui, puiſque vous vous obſtinez à vous taire. Vous aimant également l'un & l'autre, je ſuis inquiette pour tous deux. Je connois vos principes , vos vertus, toutes les armes que vous avez contre la ſéduction la plus dangereuſe ; mais je connois la paſſion de Villarceaux ; il vous aime plus que ſa vie. Qui de vous ſera malheureux ? Ne pouvez-vous pas l'être tous deux ? cette idée me tourmente. Sans cette averſion invincible pour l'Amour, ſans ce ſyſtême gravé dans votre ame de fuir à jamais un lien auſſi doux , je croirois voir l'aurore de votre bonheur. Il eſt ſi rare d'inſpirer un ſentiment auſſi tendre ! il eſt ſi ſimple d'en goûter les délices !..... Mais votre derniere Lettre eſt déſeſpérante pour ce pauvre Marquis ; je le plains , & d'autant plus que, ſans vouloir le rendre heureux, il ne vous ſera pas toujours indifférent : votre honnêteté, votre délicateffe vous feront apprécier un cœur comme le fien ; n'en doutez pas, mon aimable amie ; il eft pour la femme la plus honnête des dangers qui naiffent de fes vertus, comme de fa foibleffe ; je les crois même plus à craindre pour elle, & fouvent les premiers progrès d'un fentiment font une impreffion plus profonde dans une ame comme la vôtre, que la féduction la plus fuivie dans un cœur foible qui cede fans aimer. A l'inftant même où la femme vraiment vertueufe réfifte à un amour digne de la toucher, elle lui rend un hommage fecret, involontaire ; les qualités rares qui la diftinguent, lui fervent à la fois à l'éloigner du danger, & à lui faire voir tout le prix de ce qu'elle facrifie. Quel degré de force ne faut-il pas lui fuppofer, pour réfifter fans ceffe ! comme l'effort eft à fon dernier période, elle eft toujours auffi près de céder que de vaincre.

Au refte, foit dit, fans vous déplaire, je n'ai aucune foi à votre vocation pour le Ciel. Toute femme dévote, par crainte de l'Amour, ne peut l'être long-temps ; je voudrois bien, pour ce pauvre Marquis, que vous n'euffiez pas des armes plus fortes à lui oppofer. Vous m'inquiétez davantage quand vous parlez en philofophe des Amants & des dangers du monde, dont vous ne devriez voir que le charme. Mon amie, n'êtes-vous pas bien jeune, pour combattre vos illufions ? ne pouvez-vous pas vous tromper ? Laiffez les réflexions pour un autre âge ; fuivez la marche de la nature ; en voulant anticiper fur le temps, on perd des jouif-fances fans trouver le bonheur.

LETTRE XXXVIII.

De Mademoiselle de Lenclos au Marquis.

A Paris, ce 15 Mars 1651.

JE vous répéterai toujours la même chofe, mon cher Marquis ; je ne puis concevoir que ce foit vous , (vous que l'Amour avoit autrefois fi bien traité,) qui ayez befoin de mes confeils ; cela me prouve que les plus expérimentés redeviennent novices quand une grande paffion les domine. Les premiers coups font portés , ne perdez pas un moment pour en profiter ; voilà l'inftant de vous déclarer. Jufqu'à préfent vos yeux feuls ont parlé ; il faut que votre bouche explique , avec éloquence, tout ce que votre cœur a conçu : je vous le répete , il n'y a pas un inftant à perdre. J'ai fu jetter dans fon ame un trouble, une agitation qui ne peuvent être que favorables pour vous ; grâces à mes foins, ni fa vertu, ni fes principes, ni la dévotion même à laquelle elle eft portée, ne peuvent la raffurer ; elle eft dans un doute d'elle-même que je défirois vivement : en un mot elle vous craint. Concevez tout l'avantage de votre pofition ; n'eft-ce pas s'oc- cuper de vous, que de vous craindre ? foyez fûr

que c'eft un grand pas de fait. D'après le caractere de Mademoifelle d'Au....., cette inquiétude, ce
tourment vous en dit plus que l'aveu d'une coquette.
Croyez-moi, elle même a peut-être déja fait ce
calcul qui affure votre triomphe ; fon ame accou-
tumée à n'éprouver aucune impreffion des attaques
inutiles de vos rivaux, tremble des premiers mou-
vemens qu'elle éprouve. Quelle idée n'a-t-elle pas
du fentiment & de l'objet qui peuvent troubler à
la fois & fa fageffe & fa fierté ! Quoi ! les gens les
plus aimables de la Cour n'ont pu lui plaire, &
vous l'occupez fans ceffe ! Quelle différence elle
fait déja des autres à vous !..... Ah ! croyez que
fon amour-propre fuffit pour vous mettre encore
au-deffus de votre valeur ,..... mais fur-tout que
votre conduite y *réponde*. N'allez pas déchoir à fes
yeux ; la moindre faute deviendroit irréparable.
A force d'adreffe, montrez-vous toujours dangereux ; fi l'on ceffe un inftant de vous craindre,
vous êtes perdu. L'impreffion que vous auriez pro-
duite tourneroit même contre vous. Un moment
de raifon fuffit pour en rougir ; & de là, au mépris,
il n'y a qu'un pas. Le grand malheur eft que vous
êtes bien amoureux ; vraiment vous me faites
trembler. Si vous allez parler en Amant timide,
je ne répondrai plus de rien. L'embarras, la timi-
dité font deux chofes qu'il faut le plus éviter ; c'eft
prefque dire à une femme, ma démarche eft bien

hardie, elle doit fans doute vous déplaire. Eh !
mon Dieu, ne lui en parlez pas ; foyez aimable ,
féduifant , elle ne fongera peut-être pas à avoir
l'air de fe fâcher. Je vous dis-là de grandes vérités;
profitez-en : on fe confole de ne pas réuffir auprès
d'une femme qui n'a nul goût pour vous ; mais
perdre la victoire par fa faute , il n'y a nulle ref-
fource pour l'amour-propre.

Fin de la premiere Partie.

www.ingramcontent.com/pod-product-compliance
Lightning Source LLC
Chambersburg PA
CBHW060833250626
47162CB00005B/2051